超速で問題を解決する

瞬間
フレーム
ワーク

The Little Book of
Big Decision Models

ジェームズ・マクグラス
James McGrath

福井久美子[訳]
Kumiko Fukui

クロスメディア・パブリッシング

© James McGrath 2016 (print and electronic)
This Translation of The Little Book of Big Decision Models is published
by arrangement with Pearson Education Limited
through Tuttle-Mori Agency, Inc., Tokyo.

はじめに

　管理職はいつも何らかの意思決定を行っています。それが仕事の一部だからです。にもかかわらず、意思決定に関する正式なトレーニングを受ける人はごくわずか。運がよければ大学、専門教育、MBAなどの学習過程で意思決定を学んでいるかもしれませんが、ほとんどの人は経験から学ぶしかありません。もちろん、経験から学ぶことに何ら問題はありませんが、習得には時間がかかりますし、判断を誤り、高い代償を払って教訓を学ぶこともあります。

　その問題を解決するのが本書です。この本の目的はただ1つ。

あなたの意思決定力を上げるために絶対に必要な情報とアドバイスを提供すること。

　具体的には、管理職なら絶対に押さえておきたい69の「フレームワーク」を厳選しました。フレームワークとは、考え方の枠組みや着眼点、分析ツールなどを一定のパターン（モデル、理論）に落とし込んだもの。みなさんも「SWOT分析」や「PDCAサイクル」といった代表的なフレームワークの名前は聞いたことがあるでしょう。「○○モデル」のほか、「××理論」「△△法」など、呼び方はいろいろですが、本書では便宜上、これらを引っくるめて「モデル」と呼ぶことにします。

　管理職は忙しい人が多いため、簡潔でわかりやすくて実践しやすい情報を求めているのではないでしょうか。そのため、この本では一つひとつのフレームワークについて長々と解説するつもりはあり

ません。その代わりに、重要でない内容を省いて、短く、歯切れの
いい解説を心がけました。ほとんどの項目は、2〜4ページほどで簡
潔に要点と応用方法をまとめています。つまり、コーヒー1杯を飲
む間に、項目を1つ読んで理解し、あとは実行するだけになります。

　あなたに必要なのは、学んだことを試そうという意志と自信だけ。
本書のフレームワークを繰り返し使い、血肉にしていくことで、**最
適な思考ツールが瞬時に浮かび、最短の時間で最善の選択ができる**
ようになります。

　この本は、一流の管理職になりたいと願う上級管理職、中間管理
職、若手管理職、管理職を目指す人のために書きました。対象とな
る読者が広すぎるんじゃないかって？　理由は簡単です。どの組織
でも大きな案件はだいたい取締役が判断するものの、大多数の案件
を判断するのは上級管理職、中間管理職、若手管理職だからです。

　本書で紹介するのは、あなたの判断力アップにつなげるためのア
ドバイスだけではありません。優秀な人でも判断を誤ることがある
という話もするので、読者の中には安心感を覚える人もいるでしょ
う。たとえば『組織に活を入れろ』の著者でエイビスレンタカーの
元CEO、ロバート・タウンゼンドは、「優秀な管理職は、下した決
定の33％は正しく、33％は誤りで、残りの34％はどんな決定を下
そうと結果は同じだろう」と語っています。

　そう聞いて、ホッとしたのでは？　この言葉は、**偉大な管理職も
しょせんは人間だということ**を教えてくれます。人間はミスを犯す
生き物です。なのに常に正しい判断をしなければ、と思うのはなぜ
ですか？　あの偉大なるウォーレン・バフェットですら数年前に「つ

いテスコに投資してしまったが、あの判断は間違っていた」と認め
ているのに（同社では2014年に、粉飾決算が行われていたことが発覚した）。

　意思決定者としてあなたがすべきことは、深刻なミスの数を最小
限にとどめること。間違ったらすぐに修正し、正しい判断をする確
率についてタウンゼンドの言う「33％」より上を目指すのです。

この本から得られる10のメリット

　本書を読むと、次のようなメリットがあります。

①より多くの情報を基にして、よりよい判断ができるようになる
②より有能な管理職になれる
③意思決定に関するさまざまな手法への理解が深まる
④自分と組織が置かれている環境への理解が深まる
⑤断固たる決断を取ることで、マネジメントに関する幅広い問題
　を速く効果的に解決できるようになる
⑥物事をやり遂げられるようになる
⑦年収や個人資産が増える
⑧考慮しなければならない判断材料について理性的に話せるよう
　になる。判断が正しかった場合と間違っていた場合の影響も分
　析できるようになる
⑨あなたの信用が増し、昇進の可能性も見えてくる
⑩意思決定という重要な分野に関する知識が増えて、複雑な問題
　を扱う自信がつき、就職の面接ではきはきと話せるようになる

この本の構成

　この本は9つのセクションに分かれています。意思決定のさまざまなテーマをセクションごとに説明します——たとえば「意思決定の原則」や「決定事項をスムーズに実行する方法」など。

　どの項でもフレームワーク（モデル）の名称の下に、その「使いどき」を提案しています。しかし、これは単なる案内に過ぎません。他にも応用する機会があるでしょう。どのモデルにも、読者の思考を刺激するために2つの「問い」が掲載されています。問いの多くは他のモデルにも当てはまります。この本を読み進めながら、ぜひとも他のページの問いも確認して考えてみてください。

　各項の最後には、「優れた意思決定」または「悪い意思決定」という小見出しがついたミニコラムがあります。「優れた意思決定」では見事な判断例が、「悪い意思決定」ではひどい過ちを犯した人のエピソードが紹介されています。これらは、ビジネス・政治・スポーツ・歴史の各分野から選りすぐった、ちょっとした事例研究だと思ってください。

　優れた意思決定か悪い意思決定かは単なる結果論だともいえますが、ここで重要なのは、意思決定者の立場で考え、「何が彼らの判断に影響したか」を考えてみることです。情報不足だった、市場にミスリードされたなど、さまざまな原因が考えられます。

　275ページでは、意思決定者の思考や行動に影響を与える性格的な特徴をリストにまとめました。意思決定者にとっては、性格などの特徴も他の要素と同じくらい重要になります。性格的な短所や長所次第で、よい意思決定者になることも、悪い意思決定者になるこ

ともあるからです。たとえばプライドや欲張りは、しばしば意思決定に悪い影響を与えます。

　各セクションからは、特に有用なモデルを「**ファースト11**」として選出しました。多忙な意思決定者にぜひとも押さえてほしいモデルを11項目挙げるためです。これらはいわば、各セクションのエースから成るベストイレブンです。難しい問題に直面して、すぐにでも判断が求められる状況になったら、最初にこの11のモデルをチェックしてください。もっとも、私が選んだ11項目に異論を唱える人もいるかもしれませんが。「意思決定のトップチーム」（280ページ）で、私が選んだ副キャプテンとキャプテンも入れた、11のモデルからなる最強チームを紹介しています。

　最後にもう1つ。
　学者はマネジメントとリーダーシップの違いや、マネージャーとリーダーの違いを議論したがります。私はこれら2つを区別しようという議論には興味がありません。マネジメントには管理業務やリーダーシップなどの幅広い業務が含まれると思うからです。ですからこの本の中では、主に「マネージャー」や「リーダー」ではなく「管理職」という言葉を使います。
　みなさんが仕事で成功すること、およびこの本を楽しんでくださることを願っています。

ジェームズ・マクグラス

瞬間フレームワーク 目次

はじめに 003

この本の使い方 013

Section 1 意思決定の原則

Section 1 イントロダクション 016

MODEL 01 タウンゼンド流 意思決定のルール 018

MODEL 02 マクナマラの誤信 [THE FIRST 1] 021

MODEL 03 定量データと定性データの併用 024

MODEL 04 クライナーとクリステンセンの結果理論 027

MODEL 05 タネンボームとシュミットの意思決定スペクトル 029

MODEL 06 ロジャースとブレンコの意思決定のRAPID理論 032

MODEL 07 認知地図 035

MODEL 08 暗黙知 037

MODEL 09 標準的な意思決定モデル 039

Section 1 結論 042

Section 2 意思決定におけるデータの使い方

Section 2 イントロダクション 046

MODEL 10 パレートの法則 048

MODEL 11 レヴィンの「場」の力学の分析 051

MODEL 12 シナリオ分析 054

MODEL 13 デルファイ法 057

MODEL 14 利害関係者の反応をマッピングする方法 [THE FIRST 1] 060

MODEL 15 イーガンの隠れた一面理論 063

MODEL 16 スキャンパー法 066

MODEL 17 デボノ博士の6つの帽子思考法 069

Section 2 結論 072

Section 3 意思決定スキルを強化する

Section 3 イントロダクション 076

MODEL 18 アイゼンハワーの委任方針 THE FIRST 078

MODEL 19 フィードバックの段階表 081

MODEL 20 自由に発想する方法 084

MODEL 21 ゴールマンのEQ(こころの知能指数) 087

MODEL 22 ゴシャールとブルックの自分の仕事を取り返す法 090

Section 3 結論 093

Section 4 自分に関する意思決定モデル

Section 4 イントロダクション 096

MODEL 23 クリステンセンの幸せな人生を送るための戦略 098

MODEL 24 過去の出来事に向き合う方法 101

MODEL 25 ジレンマを解決する方法 104

MODEL 26 道徳がらみの意思決定 106

MODEL 27 マズローの欲求段階説 109

MODEL 28 チクセントミハイのフロー体験理論 112

MODEL 29 ジョハリの窓 115

MODEL 30 非現実的な期待をコントロールする方法 THE FIRST 118

MODEL 31 リスク耐性 121

MODEL 32 沈みかけの船から脱出する方法 124

Section 4 結論 127

Section 5　他人に関する意思決定モデル

Section 5　イントロダクション　130

MODEL 33　マネジメントスタイルの選び方　132

MODEL 34　管理職かリーダーのどちらを目指すか？　135

MODEL 35　人事にまつわる決定基準　139

MODEL 36　ゴーフィーとジョーンズのあなたがリーダーたる理由　142

MODEL 37　状況対応型リーダーシップ（SL理論）THE FIRST 1　145

MODEL 38　上司はどうやって部下をダメにするか　148

MODEL 39　スタッフと団結する方法　151

MODEL 40　ハーズバーグの動機づけ―衛生理論　154

MODEL 41　サンドイッチ・フィードバック　157

MODEL 42　役に立つチームと役に立たないチームの特徴　160

MODEL 43　ルイスの「4つの約束」　163

Section 5　結論　166

Section 6　戦略とマーケティングに関する意思決定

Section 6　イントロダクション　170

MODEL 44　プロダクト・ライフサイクル理論　172

MODEL 45　ロングテール理論　175

MODEL 46　キャズム理論　178

MODEL 47　ミルグラムの「6次の隔たり」　181

MODEL 48　キムとモボルニュのブルー・オーシャン戦略　184

MODEL 49　中核事業を海外移転させる方法　187

MODEL 50　ムーアのボーリングピン戦略 THE FIRST 1　190

Section 6　結論　193

Section 7　組織を取り巻く脅威を明らかにする

Section 7　イントロダクション　196

MODEL 51　SWOT分析　THE FIRST 1　198

MODEL 52　PEST分析　201

MODEL 53　不発弾理論　204

MODEL 54　タレブのブラック・スワン理論　207

MODEL 55　ブラック・ボックス理論　210

Section 7　結論　213

Section 8　財務と統計にまつわる理論

Section 8　イントロダクション　216

MODEL 56　リスク・リターン分析　218

MODEL 57　キャプランとノートンのバランスト・スコアカード　222

MODEL 58　ディスカウント・キャッシュフロー法（DCF法）　THE FIRST 1　225

MODEL 59　費用便益分析　228

MODEL 60　損益分岐点分析　231

MODEL 61　ギャップ分析　237

MODEL 62　ゼロベース予算　241

Section 8　結論　244

Section 9　決定事項をスムーズに実行する方法

Section 9　イントロダクション　248

MODEL 63　ラウンドのTRAP理論　249

MODEL 64　ジョンソン流 プロジェクト管理の3つのルール　252

MODEL 65　シューハートのPDCAサイクル　[THE FIRST]　255

MODEL 66　オーランデラとリーズンのスイスチーズモデル　258

MODEL 67　SMARTゴール　262

MODEL 68　ティッピング・ポイント・リーダーシップ　265

MODEL 69　アプリシエイティブ・インクワイアリー（AI）理論　268

Section 9　結論　272

性格は意思決定にどう影響するか　275

意思決定のトップチーム　280

おわりに　282

おすすめの参考文献　284

この本の使い方

　この本の中で一番読んでいただきたいのは、セクション1の「結論」です。**意思決定に関する12の原則**が簡単にまとめてあります。

　この本を最大限に活用したければ、アドバイスを読んで、理解し、実践しなければなりません。この本は理論モデルを小さな項目に分けて紹介しているので、繰り返し拾い読みしましょう。参考資料として机に置いてメモを書き込み、意思決定を下す際に参考にしてください。

　本書で紹介されているフレームワークはどれも、複雑な現実の一部を簡略化して説明しています。マネジメントとは人との関わり合いであり、1つの理論／原理で説明できるほど単純なものではありません。ですから、この本のモデルを聖域と見なさないこと。モデルの一部を活用してもいいし、あなたのニーズや状況に合わせてモデルを修正してもいい。また、気に入らないモデルや受け入れられないモデルは、却下してもかまいません。ですが却下する前に、そのモデルの何が気に入らないのかを考えてみてください。過去にいずれかのモデルを試して失敗した人は、「問題はモデルにあるのか、それとも私のやり方が悪かったのか？」と自問してみてください。

　どのモデルも効果的に使えば、あなたの意思決定力をアップさせることができます。いくつかのモデルを組み合わせて判断の土台にしましょう。一度に1つのモデルしか使わないと、キ

ックやパンチはうまいのに、これらを組み合わせるとギクシャクしてしまう空手の練習生のようになってしまいます。そのままでは、複数の動きや型を踊るように使いこなす武道家に打ち負かされる一方です。他のモデルと関連づけられるよう、本文中に別のモデルを参照するようにとのコメントを入れました。たとえば「（→モデル9）」という言葉に従ってモデル9のページを開くと、「標準的な意思決定モデル」を参照できます。

　この本をあなたの意思決定／反省のバイブルにしてください。あなたが多忙でストレスを溜め込んでいることはもちろん、難しい課題をあなたの机に置いて、すっきりした笑顔で帰っていく同僚に飛びかかりたい衝動と戦っていることも理解しています。

　ですが、本書のモデルを1つ使うたびに、空欄にちょっとしたメモを残しましょう。たとえば、あなたが解決しようとしている問題は何か？　うまくいったことは何か？　最終的にどうなったか？　次にそのモデルを応用するときは修正したほうがいいか？　これを使えばよかったと思うモデルはないか？

　自分がしたこと——良いことも悪いことも——を反省することで、自分の脳に知識を埋め込むことができます。次回あなたが何かを決断するときに、その知識が役に立つでしょう。

　そして、これらのモデルに習熟していくことによって、瞬間的に「正しい思考ツール」を選べるようになっていくはずです。

Section 1

意思決定の原則

Section 1　イントロダクション

　世の中には、思い切って決断できない人がいます。言い訳を見つけては決断をできるだけ先延ばしして、その間に大量の情報を集めようとします。くわえた骨を離そうとしない犬みたいに、他に選択肢がなくなるまで、心の中で温めている判断を言おうとはしないのです。

　一方で、即座に決断して、その後もあれこれ考えない管理職がいます。慎重なスタッフから見れば、このような管理職はひどく無責任な人に見えます。「最低限の情報と直感があれば、重要なことも判断できる」と考えているように見えるからです。

　私が「**最良の決定を下せるのは中間管理職だ**」と断言できるとよいのですが、残念ながらそれを裏付ける経験も研究結果もありません。経験や研究からわかるのは、「絶対にうまくいくと約束できる魔法の公式は存在しない」ことぐらいです。

　組織での経験、学んだこと、会社に関する理解を頼りに、自分がベストと考える決定を下します。といっても、何度も判断を誤ると、やり方を見直すか転職を考えたくなるかもしれません。

　仮にあなたがごく一般的な管理職だとします。2ページ後の「モデル1」のように、あなたが下した決定の33％は正しく、33％は誤りで、残りの34％はどんな決定を下そうと結果は同じだったのであれば、あなたの仕事ぶりは「まあまあ」というところです。ですがあなたは、「まあまあ」よりも上を目指しているのではありませんか？

　このセクションで紹介するモデルはすべて、「優れた意思決定を下

すための原理」にまつわるものばかりです。これらの基本的な要件を正しく理解すれば、効率よく自分の意思決定力に磨きをかけることができます。

といっても、原理に関する説明を読むだけでは足りません。**実践しなければ意味がない**からです。自分でもやってみて、そのやり方でよかったか考察してみましょう。そんな時間はないという気持ちはわかりますが、試した原理とその結果はできるだけメモしてください。

この本かリフレクティブジャーナル（後で見直すための覚え書きノート）にメモしてもかまいません。長いレポートや傑作を書く必要はありません。殴り書きでいいので、次の4つを記録しましょう。

- あなたが下した主な決定
- その決定を下した理由
- その決定を下した結果、どうなったか
- その結果をあなたはどう分析したか（その意思決定が正しかったにせよ、間違っていたにせよ、いずれにしても分析することが重要です）

毎週あなたが下す1つか2つの意思決定を取り上げて、自分の行動を振り返るだけでも、意思決定力を早く向上させられるでしょう。なぜ断言できるのかって？　この作業をすることで、あなたは深く考え、学んだことを心に刻むからです。そして有意義なことを学んだあなたは、考え方や行動を変えていくでしょう。

MODEL 01 | タウンゼンド流 意思決定のルール

→意思決定はスピードが大事だと自分に言い聞かせたいときに

ロバート・タウンゼンドはエイビスレンタカーの元CEO。1970年代に企業経営に関する本、『組織に活を入れろ』（ダイヤモンド社）を出版してベストセラーとなりました。タウンゼンドの本は、当時のアメリカの会社経営を皮肉ったものでしたが、そのユーモアの背後には、彼が長年現場で磨いたビジネスの鋭い嗅覚があります。

意思決定について、タウンゼンドが提案していることは次のとおりです。

- 組織の中でできるだけ現場に近い者が意思決定を下すべきだ。
- 決定が求められる案件は2種類しかない。1つは、低コストで訂正しやすいために即断できる案件。もう1つは高コストで訂正しにくいため、よく検討しなければ判断できない案件。
- どの案件も不十分な情報を頼りに下される——この現実を受け入れられなければ、辞任するしかない。
- よい管理職は、下した決定の3分の1が正しく、3分の1が間違いで、残りの3分の1はどんな決定を下したとしても結果は同じだっただろう。

このモデルを実践するには

まず大事なのは、**決断しなければならない案件は、先延ばししないこと**。先延ばしすると、優柔不断な人だと思われるでしょう。

また、部下に意思決定を任せて、うまく対処できるか観察してみてもいいでしょう。

　低コストで訂正しやすい案件については、わずかな情報しかなくても、自信を持って早く決断する。あるいは、決定権を他の人に委譲してもいいでしょう（→モデル18）。

　一方、高コストで訂正しにくい案件は、適切な情報（不完全でもかまわない）が手に入るまで決断しないこと。定量データ（ハードデータ＝数値化された情報）と定性データ（ソフトデータ＝数値に表せない質的情報）の両方を参考にし（→モデル3）、あなたの知識も駆使して決定しましょう（→モデル8）。何をもって「適切な情報」とするかは、その案件／プロジェクトの性質と、あなたのリスク耐性によります（→モデル31）。

　意思決定を下すときは、**すでに使った予算は考慮しないこと**も重要です。使ったお金を嘆いても仕方がありません。今後のキャッシュフローだけを考えましょう。

　仮に、あるプロジェクトにすでに400万ポンド※を費やしていて、そのプロジェクトを完了させるのにあと100万ポンドが必要だとします。あなたが考慮すべきことは、今後のキャッシュフローに関わる100万ポンドであって、500万ポンド（400万ポンド＋100万ポンド）ではありません。将来100万ポンド以上の収入を見込めそうなら、プロジェクトの続行を決断できますが、収入の見込みが100万ポンド以下なら、打ち切りましょう。「すでに費やした400万ポンドも取り返さなければ」などと思わないこと。それは負けたギャンブラーが損失を取り戻そうとムキになるのと同じです。

　意思決定を下す際に、手元に完全なデータが揃うことはありません。ですから、いまあるデータを厳しく精査する必要があります。データ作成者の誤った思い込み、願望、計算ミス、きわめて楽観的な

※ 1ポンド（£）＝約140円（2017年1月現在）

Section 1　意思決定の原則　　019

予測（顧客数やキャッシュフローを含める）、リスクの過小評価などによってデータが歪曲されていないか確認しましょう。

　なお、**意思決定を下した後は必ず分析すること**です。さもないと、あなたの意思決定プロセスにおける間違い、強み、弱みを知る絶好の機会を逃すことになります。分析結果は、あなたが将来よりよい決定を下せるようになるために役に立つでしょう。

考えてみよう

- あなたは頻繁に決断を先延ばししているか？
- 低コストで訂正しやすい案件であれば、ごくわずかな情報でも即断できるか？

優れた意思決定

1981年、ビル・ゲイツはIBMにMS-DOSの使用を許諾する決定を下した。その代わりにIBMは、ビル・ゲイツにIBM以外のPCにもMS-DOSのライセンスを提供する権利を与え、それをきっかけにマイクロソフト・ウィンドウズが誕生した。

MODEL 02 | マクナマラの誤信

→意思決定を下す前に、関連情報をすべて考慮したかを確認したいときに

　ベトナム戦争のころ、当時の米国防長官ロバート・マクナマラは「マクナマラの誤信（または量的誤信）」と呼ばれる理論を提唱しました。ベトナム戦争中、アメリカ全土と政治家たちはアメリカが優勢だと思い込んでいましたが、マクナマラはその誤信の理由を突き止めようとしたのです。

　その結果、マクナマラはこう結論づけました。アメリカが誤信したのは、捕虜または死亡したベトコン（南ベトナム解放民族戦線およびそのゲリラ兵）の数などの、数値化された事実ばかりに注目して、定性データ——敵国側の士気や、1954年にフランス軍が撤退した後、ベトナムの人々が外国の支配下から解放されたがっていたこと——にはほとんど注意を払わなかったせいだ、と。

　マクナマラは、当時の政治家や軍部の意思決定プロセスにからめて、この誤信の原因を4つ挙げました。

---

①簡単に測れる数字を物差しにする
②数値化しにくい質的な要素を無視、または軽視する
③数値化できないものは重要ではないと思い込む
④数値化できないものは存在しないし戦況に影響することもないと思い込む

　ここで何を汲み取ればいいかは明白でしょう。**意思決定を下すときは、管理職は経済用語では説明しにくい要素もすべて考慮に入れなければならない**、ということです。

Section 1　意思決定の原則　021

このモデルを実践するには

　科学的管理法（テイラーが提唱した管理手法。作業に関する基準作業量と基本的な手順を合理的な方法で定め、管理者の下で計画的に遂行することを推奨した）が一般的な経営法となったのは、19世紀末に有限会社が誕生して、組織の所有者と経営者が分離されて以降のことです。

　組織の所有者と経営者が分離したことで、数値化できないソフトデータは過小評価されるようになりました。そうなったのは、経営者たちが直感ではなく確たる事実を基に意思決定を行っていることを示したがったからです。決断の結果が思わしくないとき、経営者はデータのせいで誤ったのだと言い訳できるため、都合がよかったのです。

　定性データ（→モデル3）を検討材料に加えるには、まずはあなたの組織にある"数値化できない資産"を見極めましょう。たとえば従業員の士気、経験、知識、競合他社に関する情報収集力、顧客との関係やスタッフと管理職の人間関係、管理手腕など。挙げればきりがありませんが、定性データがどんなものかはおわかりいただけたでしょう。

　チームから5、6人を選び、そのリストを基にしてブレインストーミングを行って、お金に換算できないコストと利益をリストアップしましょう。今後あなたが意思決定を下すときには、これらの要素も検討すること。

　従業員や利害関係者からも定性データを集めましょう（→モデル14）。「歩きまわるマネジメント」（→モデル51）、雑談、発言、アンケート、面談などを活用して集めましょう。

　数値化できない資産が明らかになったら、費用便益分析（主として公共投資計画について、その計画を実施すべきか否かの判断や、代案間の比

較評価のために適用される分析手法）を使って価値を評価します。何か
を決定するときは、その決定に関わる数値化できない資産の価値も
考慮すること。価値評価は毎年更新しましょう。

　財務データや統計データは、その計算方法を知らないまま鵜呑み
にしないこと。会計担当者に、どうやってその数字を導き出したの
かを説明してもらいましょう。会計学は科学ではありません。そこ
には選択方法、意見、プロとしての判断が働いており、怪しげな判
断材料も含まれているかもしれません。

考えてみよう

- 財務と無関係のデータや数値化されないデータを、あなたはい
  つもどう扱っているか？　こうしたデータを重要視しているか、
  それともがらくたの山だとみなしているか？
- 先日重要な決定を下したとき、重要な定性データを見落とさな
  かったか？

悪い意思決定

ハッブル宇宙望遠鏡の制作プロジェクトを推進した際、NASAは
計測方法を指定しなかった。そのためヨーロッパの科学者はメー
トル法で、アメリカの科学者はヤード・ポンド法で作業をした。そ
の結果、ハッブル宇宙望遠鏡が宇宙の映像で世界を驚かせる前に、
莫大な予算を投じて修理しなければならなかった。

MODEL 03

定量データと定性データの併用

→定性データの信頼性を疑う人に対して、定性データの正当性を訴えたいときに

モデル2で取り上げたマクナマラは、意思決定を下す前に、定性データも参考にするべきだと主張しました。では、定性データとは何でしょうか？ 定量データと定性データは、1つの領域にある正反対のデータだと言われます。しかしこの対照的とする見方は、正しくありません。実際は、ほとんどの調査結果には両方の要素が含まれているからです。

定性データはあいまいなデータです。人々が何を考え、何を信じ、何を感じ、物事をどう捉えたかを記録しようとするのが定性データです。その性質上、集められたデータは個人差があり複雑かつあいまいで、バラエティに富んでいます。定性データを集める際には、研究者たちは観察結果、面談、アンケートを参考にするだけでなく、一部のグループに注目して、人々の主観的な物の考え方、信念、感覚を見つけようとします。しかしこのデータの性質上、観察された現象を正確に数値化することや、その意味を数字で表現することは不可能です。

定量データははっきりしたデータです。事実や統計的な数字を扱う一方で、時には売上、収益見込み、生産量なども計算します。対照実験、会計、統計結果、詳細な観察結果、事実に関する調査結果を基に、定量データは収集されます。その目的は、できるだけ客観的なデータにすることであり、感情や意見を排除してビジネスに関する確かな情報を抽出することです。

このモデルを実践するには

　ほとんどの決定には、2つの要素が含まれます。1つ目の要素は、案件にまつわる事実と数値化された情報（ハードデータ）。2つ目の要素は、その決定に対して、人々がどう感じ、どう反応するかに関する情報です（ソフトデータ）。

　案件の性質によって、一方のデータの重要性が増すことがあります。古い機械を新しいものに交換するなどの簡単な決定は、ハードデータを参考にすれば事足ります。しかし、機械を交換することで従業員があまる場合や従業員の配置転換が必要となる場合は、ソフトデータも含めて検討するほうが賢明でしょう。

　ハードデータを提供できる人は組織の中に大勢います。たとえば会計士、統計学者、販売部長、製造部長などは、仕事の一環として具体的な情報を形にできます。では、あなたが必要とするソフトデータを提供してくれる人は誰ですか？

　小さい組織では、自分でソフトデータを集めなければならないでしょう。その場合は、「歩きまわるマネジメント」（→モデル51）を試すと、速く効率的にデータを集められます。大きい組織には、ソフトデータの収集を担当する従業員がすでにいるかもしれません。いない場合は、調査スキルを持つ人を雇って、定性データを収集させてみてください。適任者がおらず、どうしても調査員が必要な場合は、クラウドソーシングで調査員を探し、その役割を担える人材を雇いましょう。

　すべての案件について、あなたが決定を下すと、利害関係者がどう反応しそうか、できるだけたくさんリストにまとめましょう（モデル14）。利害関係者と話し合って彼らが賛成か反対かを聞き出し、意思決定プロセスでは彼らの意見も検討しましょう。

考えてみよう

- 定性データの収集方法や利用方法をもっと勉強するべきだろうか？
- 組織内の他の管理職はソフトデータをどう扱っているか？　ソフトデータに懐疑的な人たちの意見を変えるには、どうしたらいいか？

優れた意思決定
ブリティッシュ・スカイ・ブロードキャスティング社は、視聴者の獲得・維持のために大金を投じてサッカーの放映権を取得することを決定した。この判断が当たって視聴者が爆発的に増えた。

MODEL 04
クライナーと クリステンセンの結果理論

→決定の先延ばしは一定のリスクが伴うことを自分に言い聞かせたいときに

クリスチャン・クライナーとソーレン・クリステンセンの結果理論は、「決定を下すまでにかけた時間」と、「決定を下す際に入手可能な情報量」との間には、トレードオフ（何かを達成するには、別の何かを犠牲にしなければならない関係のこと）が生じると指摘します。

意思決定プロセスの最初の段階では、入手可能な情報は限られています。おまけに決定を下すとどうなるかを予測するのも難しい。しかし、時間が経過すると情報量も増えるので、決定次第でどうなるかを予測しやすくなります。

残念ながら**決定というものは、遅れても、延期しても、下さなかったとしても、それ自体が決定となります**。何もしないで放置することにはリスクが伴いますし、決定を下していれば得られたであろうメリットも失われます。だから管理職は勇気を持って早く決断しなさい、とクライナーとクリステンセンは主張します。「結果理論」は多くの点で、ロバート・タウンゼンドの意思決定に関する哲学（→モデル1）を後押しするものなのです。

このモデルを実践するには

決定を先延ばししないこと。決定を遅らせることも、決定を下さないことも、それ自体が決定であり、何らかの結果が生じるのです。タウンゼンドのアドバイスに従って、低コストで訂正しやすいことは早く決断しましょう。

決定を遅らせるときは、スタッフにその理由を説明すること。理

Section 1　意思決定の原則　027

由を説明しないと、スタッフは戸惑って不安になりますし、あなたに不信感を抱くかもしれません。

　あらゆる決断は不完全な情報の基に下されることを覚えておきましょう。申し分のない判断を下したくても、そのために必要な情報は手に入らないもの。ですからクライナーとクリステンセンのアドバイスに従って、早く決断することです。

　どんな決定も、実行段階で何らかの訂正が必要になります。最初からすべてを完璧にする必要はないのです。

　シューハートのPDCAサイクル（→モデル65）を使って、最初の決定をブラッシュアップして改善を図りましょう。このサイクルを何度も繰り返せば、あなたの望み通りの結果に近づけるでしょう。

　決定したことがうまくいかないとわかったら、その判断を潔く撤回するか変更しましょう。プライドを捨てて、正しいことを成すことです。管理職は、方針転換したら弱い奴だと思われると誤解しがちです。しかし実際は、自信があるから方針転換ができるのです。

　あなたの決定事項がうまくいっているかをつぶさに観察し（→モデル65）、必要であればすぐに軌道修正しましょう。

考えてみよう

- あなたはいつもどれだけの情報があれば「よし、決断しよう」という気になるか？
- 一度決定を下したら、その実行状況をどうモニタリングするか？

悪い意思決定

ナポレオンは1812年にロシアに侵攻して敗北した。ヒトラーはその決断を繰り返し、1941年にロシアに侵攻して失敗した。

MODEL 05

タネンボームとシュミットの意思決定スペクトル

→あなたの意思決定方針は独裁的か民主主義的か、どちら寄りかを知りたいときに

　「管理職は部下を巻き込まずに、自分で物事を判断すべきだ」と考える人がいます。このような人は、管理職は自信がないから他人に相談するのだと思っているのです。しかしそれは違います。確かに、管理職が独断で判断しなければならない案件はあります。しかし、**他人を巻き込むことでメリットが得られる決定はたくさんある**のです。

　1957年にロバート・タネンボームとウォーレン・H・シュミットは、リーダーシップの段階理論を簡潔にまとめました。

　元々は、独裁的でワンマンなリーダーシップと、民主的で参加型

独裁的↑

管理職が決定を下して発表する

管理職が決定を下し、スタッフを納得させる

管理職が決定を下すが、スタッフに疑問があれば聞く

管理職が決定するが、スタッフの反応次第では修正する

管理職がスタッフに問題を伝えて、情報や提案を求める

管理職が限度を提示した上で、スタッフに決定権をゆだねる

スタッフに一定の範囲内で意思決定を下す権限を与える

民主主義的

Section 1　意思決定の原則　　029

のリーダーシップの範囲を描こうとしたものです。しかしこの理論
は、部下にどこまで意思決定プロセスに関与させるかを管理職が検
討するときにも参考になります。

このモデルを実践するには

　上記のリーダーシップ段階表を見て、あなたのやり方はどこに位
置すると思いますか？

　この段階理論のコピーをスタッフに渡して、あなたのリーダーシ
ップがどの位置にあるか訊ねましょう。スタッフには匿名で答えて
もらうこと。スタッフに自分をさらけ出したくない人は、家族か友
人に訊ねましょう。

　あなた自身の意見とみんなの回答を比べましょう。自分は民主主
義的にやっているつもりでも、みんなからはヒステリックで妄想癖
があると思われていませんか？

　みんなの回答を参考に、段階表のどの位置を目指したいかを決め
ましょう。いまの方針でちょうどいいと思う人もいるでしょう。方
針を変える場合は、独裁的から民主主義的へ一気に大転換を図るよ
りも、ゆっくりと変えましょう。お勧めは、案件の種類や重要性に
よって異なる方針を採る方法です。どの案件をどうするかはあなた
の自由ですが、あなたが意識的に方針転換を決断した上で、実行す
ることが重要です。

　意思決定方針が決まったら、できるだけその方針を貫くこと。ス
タッフが信頼するのは、行動の予測がつきやすくて、突飛な行動を
取らない管理職です。

　組織の経営者や他の管理職はどの段階にあるか、調べたくなるで
しょう。それをきっかけに、あなたの組織の経営文化が見えてくる
かもしれません。マネジメントと意思決定に対するあなたの考え方

が同僚と相容れない場合は、自分の考え方を見直すか、転職を検討したくなるかもしれません。

考えてみよう

- スタッフから異論を唱えられると、あなたはどう反応するか？
- 意思決定プロセスに加えたいメンバー、または入れたくないメンバーはいるか？

優れた意思決定

1994年、テスコは顧客のリピート率を上げるために、クラブカードの導入を決断した。クラブカードは顧客の間で評判となり、さらにこの戦略により、テスコは顧客の膨大なデータも手に入れることができた。

MODEL 06 ロジャースとブレンコの意思決定のRAPID理論

→「意思決定のプロセスに関わる人たちの役割は明確にしなければならない」
と自分に言い聞かせたいときに

　優れた意思決定を下すためには、混乱とあいまいさを排除しなければなりません。1つの案件に対して決定権を持つ人が2人いると、問題が生じて意思決定が遅れたり、論争になったり、縄張り争いが起きたりします。こうした問題を回避するために、ポール・ロジャースとマルシア・ブレンコは、「意思決定のRAPID理論」を考案しました。

　この理論では、動詞を役割名として使い、右図のようにRAPIDを頭文字とする5つの具体的な役割を人々に与え、チームで「D役は誰だ？」などと確認します。つまり、**意思決定プロセスにおける特定の役割を担う責任者を明確にする**のです。

①推薦者（リコメンド＝R）：推薦者はデータを集めて、こうしてはどうかと提案する。推薦者は、情報提供者（I）に相談し、さらに賛成者（A）の提案を聞く

②賛成者（アグリー＝A）：賛成者は推薦者（R）に提案して、一連の行動計画に変更を加えてはどうかと交渉する。交渉が決裂した場合、賛成者は必要に応じてプロジェクトを拒否できる

③実行者（パフォーム＝P）：決定が承認されたら、実行者は決定内容が確実に実行されるよう責任を負う

④情報提供者（インプット＝I）：情報提供者は推薦者（R）に情報を提供し、行動計画が実行できそうか、また実行したときに生じそうな問題を分析・評価する

⑤決定者（ディサイド＝D）：決定者は、必要に応じて推薦者（R）
と賛成者（A）と実行者（P）情報提供者（I）の仲裁に入り、意
思決定を実行するか否かに関する最終判断を下す

このモデルを実践するには

　各役割の責任を明らかにして、それぞれの任務を担う人を任命します。

　小規模な企業、または小さな案件に関しては、1人の人が2つ以上の役割を担うことができます。あなたが1人ですべての役割を担わなければならない状況もあり得ます。

　あなたが1人で複数の役割を担う場合は、賛成者（A）と情報提供者（I）をほかの人にやってもらうこと。あえて異論を唱えて、あなたの意見に疑問を呈する人が必要だからです。さもないとあなたの視野が狭まり、適切に判断できないかもしれません。

　大きな組織では、1つの役割を複数の従業員が担うことがあります。その場合は、賛成者（A）を1人に絞ること。賛成者（A）には計画実行に対する拒否権があるからです。賛成者（A）が複数いると、地位や権力をめぐって争って判断が滞る恐れがあります。

　情報提供者（I）を大勢に割り当てないこと。情報は役に立つものの、みんながプロジェクトでの自分の存在を主張すると情報過多になるからです。不要な情報が集まって、間違った方向に進む恐れがあります。

　どんな決定でも、成功するには実行者（P）が不可欠です。優れた決定でも、実行段階でつまずいて失敗するケースや、成果が上がらないケースはたくさんあります。実行者（P）には優秀な中間管理職を選びましょう。彼らはどう実行すれば良いかを知っているからで

Section 1　意思決定の原則　033

す。フォード・モーターの「モンデオ」を立ち上げたのは中間管理職でした。当時、フォード社の歴史の中でも一番うまくいった新車発売はモンデオだと言われていました。

決定事項に対する全体的な責任を負う人——通常は決定者（D）か推薦者（R）——は、実施状況をモニタリングすること。とはいえ、現場からの公式報告は最小限にとどめましょう（→モデル64）。さもないとスタッフは、決定事項を実行することよりも、報告書をまとめる作業に追われかねません。

考えてみよう

- プロジェクトの戦略段階の責任者は誰で、実行段階の責任者は誰か？
- 最近関わった重要な意思決定において、責任の範囲は明確だっただろうか？

悪い意思決定

1970年代、ソニーは家庭用ビデオの規格ベータマックス方式を、OEM供給（他社に自社ブランド製品の製造を許可すること）しない決定を下した。その結果ソニーは、機能で劣っていた松下電器産業（現パナソニック）のVHS規格に破れた。

MODEL
07 認知地図

→同僚やスタッフの考え方を知りたい、理解したいと思ったときに

　「認知地図」とは、**意思決定を行う際に管理職の判断に影響を与えそうな要素を明らかにし、管理職の意思決定力の向上を図ろうというプロセス**です。このプロセスで明らかになる要素のほとんどは、その人が口には出さず、潜在意識に隠れている知識（暗黙知）です。本人が気づかないうちに、この知識が日々の考え方や行動を形づくっているのです。認知地図を使って心の中にある知識を浮き彫りにし、同僚たちと共有しましょう（→モデル8）。

このモデルを実践するには

　まず認知地図をつくる際のあなたの役割を決めましょう。あなたが管理者となってプロセスを実施しますか？　その場合は進行役（ファシリテーター）をつけますか？　それとも、自分の認知地図をつくりますか？

　次に、認知地図をつくりたい管理職をリストアップします。

　その後に外部のファシリテーターにグループのサポートを依頼しましょう。外部のコンサルタントよりも内部の適任者のほうがうまくいく場合が多いものの、上級管理職は外部のコンサルタントに信頼感を抱きやすいからです。この種の研修では信頼感が重要です。

　ファシリテーターは管理職と1対1で面談を行います。1回の面談時間は90分以下で、面談は1人につき1回以上行うこと。

　ファシリテーターは、質問を通して管理職に自由に回答させ、彼らの深層心理に隠れている仕事の哲学を引き出します。管理職に最

Section 1　意思決定の原則　　035

近下した決断をたくさん挙げてもらい、そう決断した理由やきっかけを模索してもらうと、彼らの考えを引き出しやすいでしょう。

ファシリテーターはすべての面談から明らかになったことを分析し、個人とグループの行動パターンをモデル化します。

最後に、職場以外の場所で1〜2日間のワークショップを開いて、明らかになったことをグループで議論します。邪魔が入らないよう職場から離れることをお勧めします。

ファシリテーターが作成した認知地図やアイデアをみんなで共有しましょう。個人攻撃にならないよう注意しながら、自由に率直な意見を交わします。説得力のないアイデアは却下すること。

分析によって見つかったベストプラクティスを基に会社の方針を決め、それをみんなの同意の上ですぐに実行に移します。

目的がはっきりし、業務のやり方が明確になり、協力体制が整うことで、随所で改善が見られるでしょう。とはいえ、認知地図の成果を正式に評価するのは、導入から3カ月後にしましょう。

考えてみよう

- この演習で、あなたはどの役割を担いたいか？　たとえば、ファシリテーターと一緒にデータを分析したいか？
- 上級管理職の誰にこのグループに参加してほしいか？　忙しい人ばかりの中で、何をえさにして、彼らに加わってもらうか？

優れた意思決定

1948年にトヨタ自動車は、無名のアメリカ人統計学者による未検証の品質向上アドバイスに従うことを決めた。その学者はエドワーズ・デミングという。彼は後にトヨタの総合的品質管理の考案者と呼ばれるようになった。

MODEL
08 暗黙知

→「仕事に関する知識の80％は心の中にある」と確認したいときに

　管理職の中には、ごくわずかな情報を基に重要な決断を下す人がいます。あたかも直感で判断したように見えますが、後で彼らの決断は正しかったと判明することがよくあります。彼らは本当に情報なしで判断しているのでしょうか？

　近年、「暗黙知」という概念に関心が集まるようになりました。暗黙知とは、**個人の経験や学習が蓄積された産物**のこと。潜在意識の奥深くに眠っているため、普段は私たちが意識することはありません。しかし何かが起きたとき、暗黙知は意識に訴えかけてきます。

　1974年、フリードリヒ・フォン・ハイエクは自由市場経済に関する理論でノーベル経済学賞を受賞しましたが、彼は早い段階から暗黙知の支持者でもありました。彼が自由市場を支持した理由の1つは、中央集権的な機関の職員は、地方の状況や問題、チャンスなどに関する彼らの知識をすべて機関に報告することは無理だと気づいたからです。「中央機関は地方で起きていることを完璧には把握できないのだから、計画経済も誘導できないだろう」と考えたのです。

　また、マネジメントを専門とするジョン・アデア教授も、暗黙知の考え方を支持し、これを「深層知識」と呼びました。

このモデルを実践するには

　暗黙知の鍵は**情報を蓄積していくこと**です。あらゆる機会を利用して、スタッフ、管理職、顧客、サプライヤー、利害関係者からあなたの組織に関する情報を集めます。職場を歩きまわり、清掃員か

Section 1　意思決定の原則　　037

らトップに至るまで、あらゆる人と会話をしましょう。

ミーティングとその前後に交わされる雑談は、知識を増やす絶好のチャンスです。ミーティング中は出席者を観察して、彼らの態度、信念、モチベーション、同僚との関係などを把握しましょう。

また、新聞やネットにあなたの組織に関する記事が掲載されたら、必ず読むことです。テレビを観ているとき、読書するとき、友人と雑談するとき、インターネットを閲覧するときは、気になる情報やアイデアがないか探します。あなたが面白いと感じたことで仕事に関係しそうなことは、知識として蓄えて損はありません。

他社の優れたアイデアの中でも、拝借できそうなものが見つかったら、それを一部調整して、あなたの組織でもやってみましょう。

毎日リフレクティブジャーナルに、興味深いコメント、出来事、トレンド、問題、チャンス、不安などを書き留めましょう。これらの情報があなたの潜在意識に蓄積されると、脳がそれらを関連づけてあなたの暗黙知を豊かにしてくれます。問題に直面したとき、この知識が意識に働きかけて答えを教えてくれるのです。

考えてみよう

- 問題に直面した際、こうするべきだとひらめいたことはあるか？
- 組織とその従業員に関する情報を集めて活用するのは得意か？

悪い意思決定

アメリカの企業RCA社は、テレビやラジオを製造する大手電機メーカーだった。1960年代半ばに多角経営化を決断して、ノウハウも優位性もない複数の分野へ進出したが、事業はうまくいかず、1980年代にゼネラル・エレクトリック社に買収された。

038

MODEL 09 | 標準的な意思決定モデル

→**あなたが論理的かつ包括的な方法で重要な意思決定を下したことを、みんなに示したいときに**

　近年、意思決定の検討材料に定性データも含めようとの声が高まってきたものの、世の中ではまだ、「ビジネスにおいては、感情を排除し、経済学や会計学の原則に基づいて下される決定こそが優れた意思決定だ」と広く考えられています。

　下の図に示した標準的な意思決定モデルは、定性データの使用を否定していませんが、このモデルが考案された当時は「質に関するデータなど、あてにならない」と見なされていたのです。

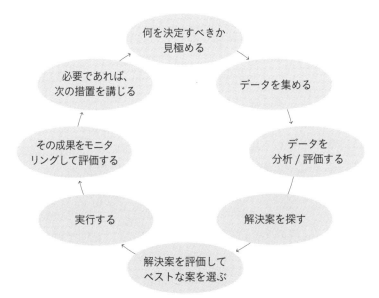

この意思決定モデルが長く支持されているのは、基本的な姿勢を教えてくれるからです。必要に応じて、標準的なモデルを調整して活用しましょう。

このモデルを実践するには

低コストで訂正しやすい案件は素早く決定を下しましょう。一方、高コストで訂正が難しい案件は、この標準的な意思決定モデルで判断することを検討しましょう。

あなたが1人で判断しなければならない状況はあるものの、人々に協力を求めてもいい場合もままあるものです。意思決定に他人を巻き込めば、関わった人は決定事項をサポートして成功させようと尽力してくれるでしょう。他人の協力を得ることであなたの視野は広くなり、思いもよらない解決策が見つかったり、想定外だと思っていたことを解決策として検討したりできるようになります。

まずは問題を明確に定義しましょう。たとえば新製品を発売したものの、売れなかったとします。管理職は販促キャンペーンが悪かったのだと批判して、問題の解決案を出します。その決定は実行に移されますが、相変わらず製品は売れません。なぜか？　人々がその製品をほしいと思わない、または必要としていないからです。どんなに宣伝しても、人々のニーズは変えられないのです。

また、問題を定義する際には、解決策を正しく評価できるように、次のように評価基準を決めましょう。

まず関連するデータを集めます。定性データ（→モデル3）も必ず集めること。それから、完璧な情報を期待してはいけません。どんなデータが集まるかは、あなたが直面している問題にもよります。データを集める際には、セクション2、7、8、9で紹介するデータ収集モデルを参考にしましょう。

集まったデータは厳しく審査します。どうやってデータをまとめたのか、何をベースにデータを解釈したのかを、作成者に訊ねましょう。

　決定内容を「本格展開」させる必要がある場合は、チームに詳細な実行プランを練らせ、その計画を実行するために各役割に担当者を指名して、責任を担ってもらいましょう（→モデル18と37）。

　計画の実行状況をモニタリングして、いつでもスタッフをサポートできるようにしておくこと。状況によっては決定内容を具体的に調整しましょう。

　決めた内容が実行されて状況が落ち着いたら、レビューを行いましょう。次回に活かしたい教訓（よいことも悪いことも）は何か、プロセスをどう改善するべきかを考えましょう。

考えてみよう

- ■ あなたの意思決定プロセスは体系化されているか？
- ■ その意思決定プロセスをもっと体系化または簡素化する必要があるか？

優れた意思決定

1982年ジョンソン・エンド・ジョンソンは、誰かが頭痛薬タイレノールに毒物を混入したとわかると、すぐにタイレノールの回収を決定した。しかもすばらしいことに、同社はメディアと消費者に包み隠さずに情報を公開して人々を驚かせた。

Section 1　意思決定の原則　041

Section 1　結論

ファースト11

　マクナマラの誤信（→モデル2）をこのセクションのエースである「ファースト11」に選んだのは、意思決定を担う人たちが、いまも**「人々の考え方・信念・感覚・認識が決定の成否に与える影響」を過小評価しがちだから**です。

　管理職が部下に、「私がこう言うんだから、黙って従いなさい」とスタッフに命令できる時代は終わりました。ですから最終判断を下す前、さらには決定事項を実行に移す前に、スタッフや利害関係者の意見を検討することが重要です。

　このセクションのテーマは、意思決定の基本を明らかにすることです。ここで取り上げた9つのモデルと、これから解説するモデルを参考にすれば、意思決定で応用できる原則がいくつも見つかるはずです。参照しやすいように、以下にルールをまとめました。本書を読みながら、追加できる原則が他にもないか考えてみましょう。

意思決定に関する12の原則

①意思決定に複数の人が関わる場合は、全員に自分の役割と責任をきちんと認識させること。

②あらゆる意思決定は、組織の中でできるだけ現場に近い人にゆだねましょう。これでスタッフに権限を与えられますし、昇進に向けて準備させることもできます。決定内容は上層部に伝えられるのですから、不必要な遅れや障害や制約（ボトルネック）を回避できます。

③誤っても撤回しやすい低コストの案件は、すぐに判断を下します。あなただって、ささいな問題に時間と労力とお金を費やしたくはないはずです。

④すべての決定は、不完全な情報／データを基に下されます。つまり半信半疑で不安が伴うということです。これには慣れるしかありません。完璧な情報があれば、どう行動すればどんな結果になるか、簡単に予想できます。そんな情報がないからこそ、手元の事実を頼りに判断を下すしかないのです。

⑤一度決断したら撤回が難しい高コスト案件は、慎重に考慮した上で決断を下すこと。会計士である私は、役員が何百万ポンド規模の案件をろくに検討せずに判を押すのを見て、毎回驚かされます。その一方で彼らは1万ポンドの案件に延々と議論を闘わせます。私が思うに、経営幹部や取締役がろくに議論もせず重要な決定を下すのは、詳細はきちんと詰めてあるはずだと思い込んでいるからでしょう。このような思い込みは危険です。

⑥意思決定を下すときは、すでに使った予算は忘れること。仮にあなたのプロジェクトが予算オーバーで遅れが生じていても、すでに使った予算は除外して考えます。あなたがどんな決断を下そうと、使ったお金は返ってきません。意思決定を下すときは、今後のキャッシュフローだけを考慮に入れましょう。

⑦意思決定はアートであり科学でもあります。検討する際には定量データ（ハードデータ）と定性データ（ソフトデータ）（→モデル3）の両方を参考にしましょう。また、経験豊富なスタッフからあなたの判断が間違っていると指摘されたら、たとえ相手がその不安をうまく説明できなくても、耳を傾けましょう。なぜかって？　彼らの暗黙知が訴えているからです（→モデル8）。このような意見を軽んじてはいけません。

⑧自分たちの利益だけを考えないこと。管理職は自分たちの部・

課にとってベストな決断をしがちです。しかし最善の決断とは、会社全体の利益につながる決断です。自分たちの小さな問題を超えて広い視点からものを考えられる管理職は、すぐに経営陣の目にとまり、昇進候補に挙がります。どんな組織も、このように大局的に物事を見られる人を必要としているからです。

⑨視野が狭くならないよう注意すること。意思決定プロセスでは複数の人を巻き込み、多角的な視点から問題を考えましょう（→モデル5）。人々はあなたが思いもよらない選択肢を提案してくれるでしょう。守秘義務の関係で誰にも打ち明けられない意思決定は、そう多くはないはずです。おまけに、意思決定プロセスにスタッフを加えると、彼らに自分の意見を言う機会を与えることができます。彼らは決定事項に納得し、それを実行するのを手助けしてくれるでしょう。

⑩時間に余裕があるなら、大きな決定は一晩寝てから翌日に発表するようにしましょう。一晩考える間に、あなたの潜在意識が暗黙知にアクセスするかもしれません。その結果、あなたが温めている決定で間違いないと思えることもあれば、疑問が生じることもあるでしょう。

⑪一度決定を下したら、それを成功させるために全力を尽くしましょう（→セクション9）。うまくいかない場合は、自分から中止を申し出る覚悟をしておくこと。

⑫悪い意思決定を下しても、自分を責めてはいけません（どうせほかの人たちから責められるのですから）。責める代わりに、何が間違っていたのかを分析し、失敗から学び、できるだけ早くやる気を取り戻しましょう。

どの指針にも言えますが、状況によっては、あるいは組織の利益のためだと思ったら、上記の原則を破ってもかまいません。

Section 2

意思決定における
データの使い方

Section 2　イントロダクション

　セクション2では、さまざまなデータ収集モデルを紹介します。こ
れを使えば、詳しい情報を集めてから物事を判断できるようになり
ます。

　一見すると、一部のモデルでは定性データ（ソフトデータ）しか集
まらないように思えるかもしれませんが、それは違います。後でお
話ししますが、最初に集まったデータの多くは、やがては経済的価
値を提供してくれるからです（セクション2の「結論」を参照のこと）。

　**ベストな判断が下せるのは、さまざまな情報源から定量データと
定性データがバランスよく集まったとき**です。これらの情報源は、少
しずつ違う角度から調査・吟味されていることが望ましいでしょう。
十分な角度から吟味されていれば、問題を立体的に捉えることがで
きるからです。三角測量に似たこの方法を使えば、集めたデータに
深みを持たせ、意思決定の質を格段に向上させられるでしょう。

　しかし角度を変えて吟味しても、効果的なデータを集めなければ、
時間もお金も労力もすべて無駄になります。データの有効性は、吟
味したい事柄をあなたがどれだけ測定したか、または調べたかで決
まります。要するに「調査すべき事柄をきちんと調べたか？」が重
要です。

　たとえば、あなたの会社が新商品を発売したとします。誰もが売
れると思っていたのに、間もなく期待どおりには売れていないこと
がわかりました。すると真っ先にキャンペーンのせいにされます。市
場調査から、キャンペーンでターゲット層に幅広くアピールできな
かったことが判明し、新しいキャンペーンが組まれます。ところが、

製品の売れ行きは相変わらずです。この段階になって、1人の勇敢な人が立ち上がって言います。「製品に問題があるんです、誇大な宣伝にあおられて従業員は製品の弱点が見抜けなかったんです。『裸の王様』みたいじゃないですか」と。キャンペーンがどれだけ成功したかを調べる際に、会社は問題の原因は調べず、問題の影響を調べたのです。

　このセクションを読みながら、気になったモデルにメモして、どのモデルが意思決定で役に立ちそうかを考えてみてください。

　気に入らないモデルがあってもかまいません。ですが、なぜそのモデルが嫌なのか、その理由を考えること。セクションごとにこの作業を行うと、自分の傾向が見えてきて、「あなたが軽視または無視しがちなデータは何か」がわかるようになります。

　不運にも私は何年も前に、財務情報を理解できず、財務情報を軽視するCEOと仕事をしたことがあります。私はその仕事を辞めました。

MODEL
10 パレートの法則

→何に注力すればいいかを見極めたいときに

　ヴィルフレド・パレートが、かの有名な「パレートの法則」（80対20の法則とも言う）について初めて触れたのは、イタリアの所有地の80％は20％の人口によって占められていると語ったときでした。パレートのアイデアは、"品質管理の権威"と呼ばれたジョセフ・ジュランの目にとまり、それをきっかけに世界的に広まりました。

　「重要な少数要素と取るに足らない多要素」というパレートの原則は、幅広い分野にあてはまります。たとえば次のようなものです。

> - 在庫管理──20％の商品が、在庫の総価値の80％を占めている
> - 売上──会社の売上の80％は、20％の顧客によって生み出される
> - 従業員の問題──人事問題の80％は、20％の従業員によって引き起こされる

　リストは延々と続きます。割合は70対30とか、90対10になる場合もありますが、だいたい80対20前後に収まります。

　この法則を応用して、忙しい管理職は重要な少数要素に集中し、取るに足らない80％の要素に手間取ってはいけないと考えることもできます。そのためには、強い分野に注力して、弱い分野を切り捨てることです。

このモデルを実践するには

　パレートの法則は、問題を解決するものではありません。むしろこの法則は、時間を節約して効率的に行動するよう促すツールです。

　以下の例からもわかるように、あなたの職種が何であろうと、パレートの法則を仕事にあてはめられるでしょう。しばらく時間を割いて、あなたの業務における「重要な少数要素」を見極めましょう。

- 財務や統計などの報告書を作成する人は、顧客がほしがっている20％の報告内容を見極めましょう。質の高い報告書を期日までに作成すること。残りの80％の報告内容はあなたの判断で短くまとめること。誰も文句を言わなければ、80％の内容をまるまる削除してしまいましょう。

- 人事問題を抱えている人は、問題の80％を引き起こしている20％の従業員を見つけましょう。あなたはこの20％をどうするかを判断することに集中し、ほかの従業員はそれぞれの仕事に集中させること。

- あなたの生産性、売上、利益の80％に貢献する20％の従業員を特定しましょう。報奨金や社員特典を決めるときは、貢献してくれた20％の従業員たちのことを考えましょう。お金で報いるのが難しいときは、せめて公の場で彼らの貢献を認めてあげること（→モデル40）。

- 売上の80％を占める20％の顧客を特定し、その顧客にお礼として特別優待や特別料金などを提供しましょう。

- キャッシュフローに問題がある場合は、未払い債務の80％を占める20％の債務者を特定しましょう。あとはこの20％の人々に借金を返済してもらうことに注力すればいいのです。

- 収入の80％が20％の製品によってもたらされる場合は、その製

Section 2　意思決定におけるデータの使い方　049

品の動向を常に把握しておき、その製品が脅威にさらされたら
——たとえば技術革新により製品が時代遅れになりそうな場合
——すぐに対応を考えること。

考えてみよう

- 仕事分野にある「重要な少数要素」をたくさん知っているか？
- 今日か明日にでも、何かの問題にパレートの法則をあてはめられないか？

悪い意思決定

1962年1月1日、ビートルズはデッカ・レコード社のオーディションを受けた。デッカ・レコードの重役は、ギターバンドは流行遅れになるだろうと考え、ビートルズを不合格にした。

MODEL 11 レヴィンの「場」の力学の分析

→あなたの意思決定に対する推進力と抵抗力を把握して、反対派への対応策を練りたいときに

クルト・レヴィンが唱えた「場」の力学の分析は、シンプルな分析法です。そしてシンプルであるがゆえに、その奥深さが隠れてしまっています。この分析では、**推進力にはどんな要素があり、抵抗力にはどんな要素があるか**を調べます。どちらの力にも、さまざまな理由であなたの決定を支持する人、反対する人や、コストなどの要素が含まれます。それぞれの力の強さを1〜10段階（10点を満点とする）で評価すれば、たとえば下の図に示したように、推進力と抵抗力の大きさを「計算」できます。

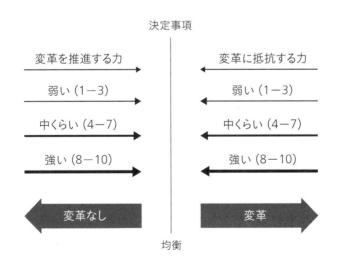

出典：『経営理論大全』（ジェームズ・マクグラス、ボブ・ベイツ）

Section 2　意思決定におけるデータの使い方　051

このモデルを実践するには

　最初に、演習を1人でやるか少人数のチームでやるか、どちらでやるかを決めます。

　A3サイズの紙を用意し、一番上に「決定事項」を書いて、それを四角く囲みます。「決定事項」から真下に向かって直線を引いて、紙を二分します。

　あなたの決定を支持する力（推進力）には何があり、反対する力（抵抗力）には何があるかを考えます。ただし、その力に人が関係する場合は、その人があなたの決定を支持（または反対）する理由を突き止めること。

　推進力と抵抗力の両方の情報を集め、紙の左側に推進力の内訳を、右側には抵抗力の内訳を書きます。

　次に各要素の「力の大きさ」を評価します。見やすいように各要素を矢印で囲み、矢印の先を真ん中に向けます。力が大きいものほど矢印を太く描きましょう。力の大きさは主観で判断しますが、評価基準に一貫性があれば、問題はありません。「場」の力学の分析はグループで行うほうがより一貫性のある評価ができます。

　中央線の左右にある各欄の得点を合計してください。あなたの決定事項がさほど抵抗を受けずにとんとん拍子に進むか、あるいは破綻する運命にあるか、すぐに明らかになるでしょう。この演習は、何度やっても同じような結果になるはずです。

　成否の判断が難しく、それでもあなたの決断通りに進めたい場合は、戦略を練って、推進力となる要素を強化するか、抵抗力となる要素を弱めるか、あるいは両方の力に働きかけましょう。決断が否定された場合は、あなたの決定を潔く引っ込めること。そして決定内容を修正して抵抗力を弱めるか、推進力を強化して、再度勝負に挑みましょう。

052

1つの要素が、あなたの意思決定の推進力になると同時に抵抗力となる場合もあります。たとえば、あなたの決定にはかなりの初期投資が必要だとします。予算的に足りなくても、長期的にはかなりのコスト削減が見込める場合などがそうです。

考えてみよう

- あなたのチームに必要なのは誰か？
- 意思決定を実行する上で、最大の敵は誰（または何）だろうか？

優れた意思決定

スイス・アーミーナイフで有名なビクトリノックス社は、商品の多様化を図ろうと腕時計分野に参入した。他社なら失敗したかもしれないが、ビクトリノックス社は自社の高品質な評判と、良質な腕時計の生産国というスイスのイメージを組み合わせて、大成功を収めた。

Section 2　意思決定におけるデータの使い方　　053

MODEL
12 シナリオ分析

→将来起こり得る脅威に向けて対策したいときに

　シナリオ分析では、**将来組織が直面しそうな状況を予測**します。未来を正確に予測するのは不可能なので、通常、シナリオ分析では3つのシナリオを描きます——悲観的なシナリオ、楽観的なシナリオ、最も実現しそうなシナリオです。

　ただし、現代社会では変化を予測しにくいため、シナリオ分析の未来予測には過去の情報は使いませんし、過去の症例を基に推測することもありません。その代わりにユーザーは今後のトレンド、変化、技術の進歩、組織や意思決定に影響を与えそうな転機を見極める必要があります。

　「起こり得る未来」がイメージできたら、その分析から浮き彫りになった問題や課題に対処するために、対策を練りましょう。問題は右の図のように4つに分類できます。

このモデルを実践するには

　ファシリテーターと協力して、6人（小さい組織では3人）をチームメンバーに選びましょう。選抜の際には、想像力が豊かで、事業分野の環境の変化を把握している人を選びましょう。

　1回目の討論会では、議論したい問題を具体的に提示して、演習の目的をチームに簡単に説明します。たとえば、イギリスがEUから脱退したらどうなるか？　などと提示します。その上で、予測する期間を具体的に指定します。未来といっても、3年以上先は指定しないこと。

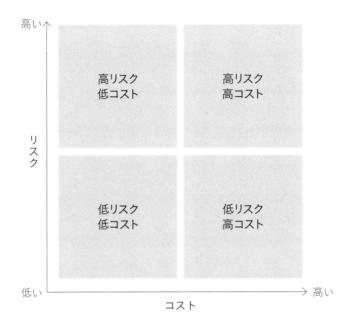

　このあと、メンバー全員に、アイデアを書き留めてリストにまとめてもらいます。全員のアイデアをざっと議論して、各自で自分のアイデアを修正します。

　2回目の討論会の前に、メンバー各自の修正済み報告書を全員に配布します。2回目の討論会では、報告書1件につき30〜60分議論しましょう。

　2回目の討論会の10日後に3回目の討論会を行いましょう。メンバーには、3回目の討論会の前に他のメンバーやファシリテーターと話し合って報告書を準備してくださいと伝えます。メンバーはこの話し合いを基に、自分の報告書を完成させます。

　3回目の討論会では、それぞれの案が実現しそうか、実現した場合に組織にどう影響するかを基準にして、各案を評価します。「低リスク・低コストシナリオ」と「高リスク・低コストシナリオ」

は無視してかまいません。集中すべきなのは「低リスク・高コスト
シナリオ」と「高リスク・高コストシナリオ」です。どちらかに分
類される問題が30％以上の確率で実現しそうなときは、その問題に
どう対処するか対策を練りましょう。

　1つの戦略で複数の問題に対応できるものがあると思います。こ
のような戦略は実行に移す可能性が高いため、こまかいところまで
詰めておきましょう。

　それぞれのシナリオについて、最高の結末、最悪の結末、起こり
得る結末を想定しておきましょう。

　上級管理職か取締役に報告して、あなたの案に承認をもらいましょ
う。承認をもらっておけば、将来いくつかの戦略を実行に移さな
ければならなくなったときに時間を節約できます。

考えてみよう

- 演習の信頼度を高めるには、外部のファシリテーターが必要だ
  ろうか？
- あなたの組織の中で、想定外のことも含めて考えられる人は誰
  か？

悪い意思決定

2010年にメキシコ湾で原油流出事故が起きた。BP社が初動対応
にあたった際に下した決断は次々に失敗した。大事件に対するBP
社の対応のまずさはケーススタディとなった。

MODEL
13 デルファイ法

→調査したい問題について社内の専門家の意見をまとめて分析したいときに

デルファイ法は、1950〜60年代にアメリカ軍部のために考案された予測法で、次の7段階で構成されています。「デルファイ」という名の由来は、古代ギリシャ時代のデルポイの神託から来ています。

①検討すべき問題を見つけ、外部または内部からファシリテーターを選んで任命し、予測演習を行う。

②問題に最も精通している人を組織内から探す。その人たちが「専門家」とみなされる。「専門家」の数は6人程度とする。

③関係者全員に演習内容を説明する。ファシリテーターと専門家に相談して演習を行う回数を求める。

④第1ラウンド：「専門家」はアンケートに記入するか、ファシリテーターと1対1で面談を行う。アンケートの場合は、回答を詳しく書いてもらうこと。

⑤ファシリテーターが返答を精査して、無関係な返答を取り除く。残った返答を回答者の名前を伏せてまとめ、それぞれの返答が出された理由も簡潔にまとめる。

⑥第2ラウンド：ファシリテーターがまとめた概要を「専門家」に見せる。「専門家」はその概要を読んで、前回の返答を見直して修正する。

⑦ファシリテーターは、「専門家」による訂正済みの回答を読んで、無関係なものを除外する。返答者の名前を伏せて、概要にまとめる。第3ラウンドを行う場合は、概要を「専門家」に返し、「専門家」は上記の第2ラウンドと同様に回答を修正する。第3ラウ

Section 2　意思決定におけるデータの使い方　057

ンドを行わない場合は、ファシリテーターが「専門家」を招集
して合同ミーティングを行い、最終報告書をまとめてみんなの
合意を得る。または、ファシリテーターは「専門家」に相談せ
ずに最終報告書をまとめて、この業務を委託した人々に報告す
る（この方法はお勧めしない）。

　しかし、デルファイ法はきわめて系統だったシステムであり、デ
ルポイの神託とはイメージが違います。
　このプロセスでは、**じょうごのように予測を絞り込んでいきます。**
「専門家」の間で意見が一致し始めるとともに、答えの数も減ってい
きます。
　情報提供者の名前は伏せますし、「専門家」同士のミーティングも
やらないため、「専門家」たちは意見を変えたり、意見が却下された
りしても面目を失わずに済みます。さらに、「専門家」同士が張り合
うリスクを減らせます。おまけにこうして得られた回答のほうが、統
制されていないグループから得られた回答よりも、精度が高いとの
裏づけもあります。

このモデルを実践するには

　手順は先ほどの図表にまとめておきました。あなたが決断すべき
ことは、自分がどの役割を担うかです。ファシリテーターか、「専門
家」か、あるいは委託者の1人に名を連ねるという選択肢もありま
す。
　あなたが1人でファシリテーターを務める場合は、調査する問題
に精通し、なおかつかなりの調査力が必要になります。ファシリ
テーターは的確なアンケートをつくるか、面談用に適切な質問リスト
をつくらなければならないからです。これらのスキルが足りない人

は、こうした能力に秀でたファシリテーターを仲間に引き入れましょう。

　ファシリテーターを務める場合は、予測演習の目的を明確にしましょう。演習の目的は、この業務をあなたに委託した人（またはグループ）の同意を得たものでなければなりません。アンケート内容または面談での質問内容は時間をかけて決め、よりよい質問になるよう磨きをかけてください。間違った質問をすると、みんなから無駄な回答や的外れな回答が返ってきてしまいます。

考えてみよう

- あなたの調査力でこの種の演習をスムーズに行えるだろうか？
- あなたは最初の意見を素直に受け入れられるだろうか？

優れた意思決定

サムスングループは、管理職育成プログラムに出資することを決断した。かくして社内の優れた若手管理職たちは世界中に派遣され、他国の文化やグローバル市場への理解を深めた。

MODEL 14

利害関係者の反応をマッピングする方法

THE FIRST 11

→あなたの意思決定で影響を受けそうな内部・外部の利害関係者を洗い出し、
彼らを味方につける方法を探したいときに

　多くの場合、意思決定を下すまでの過程はさほど難しくはありません。むしろ半信半疑の利害関係者を説得して、決定を実行するときのほうがずっと難しいものです。

　ゲイリー・ジョンソン、ケヴァン・ショールズ、リチャード・ホイッティントンの「利害関係者の反応をマッピングする方法」は、**実行段階に移るまでにぶち当たる障害を突き止めるのに役立ちます**。意思決定に対する利害の大きさや、決定事項を妨害する力／影響力の大きさを基にして、利害関係者は右の図の4つに分類できます。

このモデルを実践するには

　主要な利害関係者を把握し、あなたの決定に対してどう反応するか予測しておきましょう。利害関係者にはスタッフ、上級管理職、顧客、サプライヤー、株主などが含まれます。

　機会があるたびに利害関係者に話しかけて、物議を醸している問題についてどう思っているか探りを入れます。重大な決定を下そうとしているときは、彼らの考えをさり気なく聞き出しましょう。

　次に2段階からなる利害関係者戦略を練りましょう。第1段階では、あなたが選んだ重要な利害関係者と長期的な信頼関係を築きます。パレートの法則（→モデル10）を使って、最も重要な利害関係者は誰かを特定しましょう。

　意思決定が固まったら、第2段階に移ります。利害関係者リスト

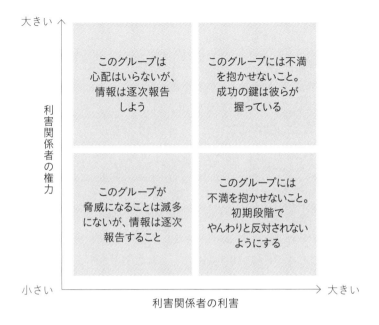

を分析して、あなたの意思決定に影響を受ける人／利害関係がある人を見つけましょう。

　上記の図を参考に、あなたの知識を使って利害関係者を4つのグループに分けます。あなたの決定事項に対する人々の利害と権力の大きさで判断します。

「権力も利害も小さい」利害関係者については、彼らの動向を目で追いつつも、コミュニケーションに時間を取りすぎないこと。

「権力は小さいが利害が大きい」利害関係者とのコミュニケーションを図りましょう。さほど権力はなくても、このグループを味方につけておけば、彼らの利害とこの分野に詳しい他の利害関係者も味方にできるかもしれません。

「権力は大きいが利害は小さい」利害関係者の機嫌を損ねたり、見くびったりしないこと。あなたに馬鹿にされたと感じた彼らが、そ

の案件に興味を示し、あなたに不利になるよう働きかけるかもしれません。

「権力も利害も大きい」利害関係者には注意しましょう。決定を実行に移すには、この人たちとの密な関係が欠かせません。

最後に、利害関係者を突然驚かせるようなことはしないこと。定期的に連絡して、逐次情報を伝えておきましょう。

考えてみよう

- 常に気を遣わなければならない重要な利害関係者を6人挙げるなら、それは誰か？
- あなたはその6人の利害関係者とどんな関係だろうか？　よい関係、悪い関係、それとも関係ができしない？

悪い意思決定

1985年、ザ・コカ・コーラ・カンパニーは、アメリカ人の大好物であるコカ・コーラの味を変えようというお粗末な決定を下した。このエピソードは、顧客の反応を調べもせずに主力商品を変えてはいけないという、ビジネスマンにとっての教訓になった。

MODEL 15 イーガンの隠れた一面理論

→組織内で政治的な有力者を味方に引き入れたいときに

　ジェラード・イーガンのこの理論は、前項のモデルを補う形で、**組織の「政治的な現実」に着目**します。

　人間は、アイデアや決定内容の質とは関係のない理由で、他人のアイデアを支持することもあれば、反対することもあります。つまり政治的な理由で、自分の利益のためだけに主張することがあるのです。隠れた一面理論では、人間はその特徴によって以下に分類されます。

---

①パートナー：決定内容を支持する人

②味方：納得すれば、決定内容を支持してくれる人

③旅仲間：決定内容は支持してくれるが、必ずしも意思決定者を支持するとは限らない人

④中立の人：決定内容に賛成か反対か、立場をまだ表明していない人

⑤気まぐれな人：思いつきで賛否を決めそうな人

⑥反対者：意思決定者には反感を抱いていないが、決定内容には反対の人

⑦敵対者：決定内容も意思決定者も否定したい人

⑧一時的な協力者：決定内容は支持するが、意思決定者の意図に不信感を抱く人

⑨静かな人：決定内容への賛否を表明するだけの権力がない人

Section 2　意思決定におけるデータの使い方

このモデルを実践するには

このモデルは、「利害関係者の反応をマッピングする方法」（→モデル14）と併用します。

組織内で政治的な影響力が強い人（有力者）を探して、その人との関係を築きましょう。どんな権力・影響力・利害関係を持っているか、一人ひとりについて調べること。

モデル14を使って、あなたの決定内容に対する各有力者の「権力」と「利害の大きさ」を分析します。「権力も利害も小さい」実力者は、あてにする必要はありません。あなたが説得して味方に引き入れるべきなのは、「権力も利害も大きい」実力者です。

具体的には、実力者を以下のいずれかに分類し、それぞれには次のように対処しましょう。

①パートナー：親しい関係を維持して、逐次情報を提供すること。

②味方：彼らの判断は正しいと何度も言って、安心させる必要があります。

③旅仲間：彼らは決定内容には賛成ですが、あなたを好きでない、または信頼していません。彼らに不信感を抱かせるような行動は慎むこと。

④中立の人：この人たちは土壇場まで迷う場合があります。どっちに転ぶかわからない場合は、プレッシャーをかけ続けること。あなたの決心が固まったら、この人たちとの関係を維持して、彼らの支持を失わないようにしましょう。

⑤気まぐれな人：この人たちは信頼できないため、頼りにしないこと。他の実力者と提携しましょう。

⑥反対者：この人たちは論理的な理由であなたの決定内容に反対しています。彼らを説得することは難しいものの、彼らはあな

たに敵意を抱いているわけではありません。あなたの次の決断
は支持してくれるかもしれません。

⑦敵対者：彼らはあなたか決定内容かどちらかに好意を抱いてお
らず、その姿勢は変わらないでしょう。

⑧一時的な協力者：彼らは決定内容は支持しますが、あなたを信
頼していません。彼らと信頼関係を築くよう努力しましょう。

⑨静かな人：この人たちは、相談をもちかけられただけで喜びま
す。彼らを気にかけてあげれば、彼らはあなたを支持してくれ
るでしょう。といってもあまり役に立たないかもしれませんが。

注意点を1つ。根っからの政治的な実力者は、あなたの利用価値
しか見ていません。利用価値がある限り、あなたに害を与えること
はありません。しかし、あなたに利用価値がなくなったときは、気
をつけましょう。

考えてみよう

- 組織の中で、政治的な権力の強い人は誰か？
- その人たちとあなたとの関係はどうか？

優れた意思決定

1963年にアストンマーティン・ラゴンダ社は、映画『007　ゴー
ルドフィンガー』の撮影隊にアストンマーティン・DB5を貸し出
すことを決定。この映画をきっかけに、DB5は同社の代表的な車
種になった。しかも彼らがこの決断を下したのは、何社かの大手
自動車メーカーが車の貸し出しを断った後だった。

MODEL 16 スキャンパー法

→既存の製品を新たな視点で見ることで、革新的で新しいソリューションを生み出したいときに

　ボブ・エバールは、発想力を豊かにすることは簡単ではないと気づき、管理職が多くのアイデアを思いつけるよう、この理論を考案しました。エバールは、アレックス・オズボーンが自身の広告会社のために作成した質問表を基に、スキャンパー法チェックリストをつくりました。**この一連の質問を使えば、クリエイティブなアイデアが次々に出てくる**でしょう。この方法はサービスやプロセスはもちろん、どんな製品にも応用できます。チェックリストに含まれる7つの質問を、既存の製品にあてはめて考えてみてください。

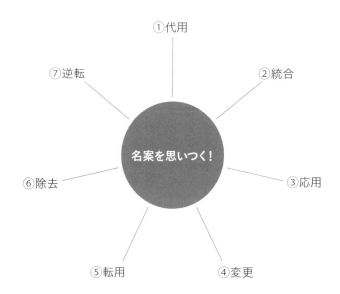

このモデルを実践するには

　検討プロセスのサポート役を3〜6人ほど選んで、小さなチームをつくります。

　1回目のミーティングでは、あなたの目的を簡単に説明し、あなたが検討したい製品、サービスまたはプロセスを具体的に挙げます。スキャンパー法のチェックリストに従って、以下の7つの点を検討しましょう。

①代用——部品、機械、材料、人的資源、物的資源を取り換えて、製品の向上を図れないか？　製品（またはサービス）を別の市場に投入して、別の用途に使えないか？

②統合——製品の機能を統合できないか？　材料をもっと効率的よく使えないか？　あるいはその製品に投資した人手、資源、有能な人材を使って、製品のイメージや魅力を刷新できないか？

③応用——製品の製造過程のうち何工程かを応用できないか？　製品を別の状況で役立てる、または別の用途に使えないか？　たとえば『フィフティ・シェイズ・オブ・グレイ』（訳注：イギリスの官能小説およびその映画）がヒットしたおかげで、手錠メーカーはまったく新しい市場を開拓できた。

④変更——製品の大きさ、形、手触り、特徴を変えるか、機能を向上できないか？　製品のどの特徴を際立たせれば、製品の価値を高められるか？　製品またはそのイメージを変えるために、変更できる要素はないか？

⑤転用——製品の他の使い道はないか？　既存の顧客以外でその製品を使いそうな人は誰か？　その人たちの注目を集めるために何をするべきか？　製品を別の状況で使えないか？（手錠のケースが参考になる）

Section 2　意思決定におけるデータの使い方　067

⑥除去——製品またはプロセスの一部を省略できないか？　または一部を変更して機能や魅力を損なうことなくシンプルにできないか？　たとえば携帯電話は、より小さく、より軽量で、より個性的でなければならないのか？

⑦逆転——長年培ってきた製造方法やマーケティング方法を逆にできないか？　たとえばボルボは1970年代に伝統のある製造ラインを廃止して、作業チームによる生産方式にシフトしたところ、自動車のクオリティが格段に向上した。

変更できそうな要素がいくつか見つかったら、それぞれをコストとリターンの観点から評価します。儲けが見込めそうなら、小規模な試験を実施してその実用性を検証しましょう。

検証結果がよければ、一番いい案を上級管理職に提案して、導入に向けた承認をもらいましょう。

考えてみよう

■アイデアを実行するには、誰を味方につける必要があるか？（→モデル14）

■組織の上級管理職の中で、最も進歩的な考えを持つ人は誰か？その人を仲間にできないか？

悪い意思決定

コダック・フィルムは、1970年代半ばにデジタルカメラを開発したが、この分野へは投資しない判断を下した。デジタルカメラがフィルム事業を圧迫すると考えたのだ。

MODEL 17 | デボノ博士の 6つの帽子思考法

→もっと自由に発想して意思決定を下したいときに

　たとえば問題に直面したときに、悲観的な気質の人が考えたり、行動したり、反応したりすることは、陽気で楽観的な人のそれとは異なりますよね。エドワード・デボノは、**人間はこのようにそれぞれの性格に基づいて特定の考え方と行動を取りがちだ**と気づき、「6つの帽子思考法」を開発しました。代表的な6つの性格それぞれに、下図のような色の帽子をあてはめています。

帽子の色	性格	このタイプの人がこだわるのは……
白い帽子	客観的	事実とデータ
赤い帽子	主観的	感覚、感情、個人的に感じたこと、暗黙知、直感
黒い帽子	悲観的	意思決定に関する問題点や欠点。見たことや聞いたことに批判的で、懐疑的ですらある
黄色い帽子	楽観的	ポジティブな面を見る。明るく陽気な性格で、いつも明るい未来を予想する。物事はうまくいくと考えるため、リスクを恐れない
青い帽子	冷静	論理的で物事を系統立てて考える。客観的な視点で物事の全体像を見るのがうまい
緑の帽子	創造的	斬新な考え方ができる。新しいアイデアやソリューションを思いつく。しかしアイデアの実現性はあまり考えない

Section 2　意思決定におけるデータの使い方　069

デボノのモデルは、この洞察に基づいて、「問題を検討するときはグループをつくって、6つのステレオタイプの視点から考えよう」と提案します。そこで得たフィードバックを集めて統合すれば、確かに決定事項を報告する際に、このような過程を経て判断しましたと伝えることができます。。

このモデルを実践するには

6つの帽子思考法は、自由な発想を促すためのツールです。あなたが決断を下そうとしている案件に関する有利な点、不利な点、強み、弱み、問題点、ソリューション、オプション、アイデアなどを模索したいときに役立ちます。

この思考法はいろいろな使い方ができます。下に挙げるのはほんの一例に過ぎません。インターネットなども活用して他の使い方を調べてみましょう。

各メンバーにそれぞれの帽子役を割り当て、演じてほしい役割を説明します。どの役割であれ、人は割り当てられればその役を演じるものです。悲観的な人でなくても「黒い帽子の役」は演じられます。実際、正反対の性格の人を割り当てると、面白い展開になることがあります（役割を変えて再度、演習をやるのもいいでしょう）。

通常は、青い帽子をかぶった人から始め、一周して終わります。メンバーに10分ほど時間を与えて質問の内容、役割、最初のアイデアについて考えてもらいましょう。

見解の発表にかけられる時間を教えましょう。このモデルは参加者にかなりの負担を強いるため、見解を述べる時間は5分程度に抑えること。

メンバーの役割を変えずに、2回目のセッションに進んでもかまいません。みんなは1回目とは違う見解を述べるでしょう。

参加者の見解はすべてポストイットにメモしましょう。壁にテーマを書いた紙を何枚か貼って、その下にテーマに似たアイデアのポストイットを貼り付けます。

　ミーティングの成果をまとめ、次のミーティングではそれらの意見を基に議論しましょう。

考えてみよう

- 前にこの演習をやったとき、あなたは何を学んだか？
- その経験を踏まえて、次の演習ではどの役割を担いたいか——参加者、オブザーバー、ファシリテーター？

優れた意思決定

1940年、イギリスの首相であったウィンストン・チャーチルは、同僚からの強い説得をはねつけ、ドイツと和平会談を行うことを拒絶した。

Section 2　結論

ファースト11

　ジョンソン、ショールズ、ホイッティントンの「利害関係者の反応をマッピングする方法」（→モデル14）を実践すれば、意思決定がうまくいかない主な理由の1つは、「実行段階でつまずくから」だと気づきます（→セクション9）。計画やトレーニングのまずさが原因で失敗することもあります。しかしその前の段階で、利害関係者の利害という巨大な氷山に正面からぶつかってしまったために、失敗するべくして失敗した意思決定もあります。

　意思決定は人々に影響を与えます。そして影響を受ける人々の支持を得る戦略がなければ、やりたいことがあってもなかなか賛同を得られないでしょう。私のお気に入りはイーガンの「隠れた一面理論」です。ジェームズ・ボンドやジョージ・スマイリーなどといったスパイの駆け引きを思い出してわくわくするからです。しかし私は「隠れた一面理論」ではなく、「利害関係者の反応をマッピングする方法」をファースト11に選びました。この理論のほうが包括的ですし、利害関係者をその利害と権力の大きさによって分析する点に強みがあると思ったからです。

　実際には、どちらか1つだけ選ぶ必要はありませんし、重要な意思決定を下すときは、いつも両方の理論を試すことをお勧めします。

各モデルの持つ意味

　さて、このセクションで取り上げたモデルをすべて読んだ方は、私が「はじめに」で述べたことが、より理解できたのではないでしょ

うか。これらの理論は"お金に換算できないデータ"の収集方法に見えますが、実際はこれらのデータから金銭的なコストや価値を読み取れるのです。たとえば、

- レヴィンの「場」の力学の分析では、推進力と抵抗力に関わる金銭的なコストとメリットを計算します（→モデル59）。この情報を基に、抵抗力を弱める戦略か、推進力を強める戦略を練ることができます。たとえば、スタッフに昇給をちらつかせて、頑固な障害を取り除くこともできるでしょう。
- シナリオ分析とデルファイ法では、新しい戦略によって発生するコストを計算し、将来のキャッシュフローから正味現在価値を差し引いて計算する必要があります（→モデル58）。
- ジョンソン、ショールズ、ホイッティントンの「利害関係者の反応をマッピングする方法」とイーガンの「隠れた一面理論」では、あなたを支持するのと引き換えに、自身の特別なプロジェクトや金銭的な見返りを求める人も扱います。金銭的な見返りと言っても、賄賂を渡すことではなく補助金をえさにして駆け引きすることですが（→モデル14と15）。
- デボノの6つの帽子思考法とスキャンパー法を使えば興味深いアイデアがひらめきますが、どこかの段階で計画を実行に移すのにかかる費用を計算しなければなりません（→モデル58、59）。

このセクションでは、**どんな意思決定にも、考慮しなければならない経済的なコスト、お金に換算できないコスト、メリットがあること**を学んでいただければと思います。

Section 2　意思決定におけるデータの使い方　　073

Section 3

意思決定スキルを
強化する

Section 3 イントロダクション

　このセクションの目的は、個人的なスキルを幅広く伸ばすことです。仕事を任せる、批判を受け入れる、クリエイティブな考え方を身につける、EQ（こころの知能指数）を上げるなどのスキルは、マネジメントや意思決定を効果的に行うために不可欠です。

　多くの管理職が他人に仕事を任せにくいと感じるのは、スタッフの能力を信頼していないからでしょう。しかし実際は、会社があなたに給料を支払うのは、あなたにすべての仕事を任せているからではなく、あなたにほかの人の仕事ぶりを管理してほしいからです。「アイゼンハワーの方針」（→モデル18）は、通常業務で人に任せなければならない意思決定やタスクは何かを考える上で、ヒントをくれるでしょう。アイゼンハワーのアドバイスに従って、あなたがすべき仕事——スタッフを管理する、コストや効率や効果をアップさせる、複雑な問題や難しい決断に対処するなど——にかける時間を増やしましょう。

　もっとも、管理職であるあなたは、何をしようと批判されるでしょう。それで自信を失うこともあるかもしれません。ネガティブなフィードバックを受け取ったら、モデル19を参考に分析し、そのフィードバックが妥当かどうか自分で判断してみます。不当な批判は無視するか、自分の正当性を主張しながらも不当な批判の芽を必ず刈り取るよう心がけること。また、フィードバックを個人的に受け取らないこと。フィードバックはあなたの仕事に対する批判であって、あなたの人格を批判しているわけではないからです。

　たとえあなた個人を攻撃し、あなたを傷つけようとするフィードバックだとしても、挑発に乗ってはいけません。言われたことをメ

モして、じっと耐えることです。

　多くの管理職は、クリエイティブなアイデアやソリューションを出すのは自分の仕事ではないと考えます。組織にいる「クリエイティブな連中」の仕事だと思っているのです。しかし、あなたがそうでなければ、誰が「クリエイティブな連中」だと言うのですか？

　急激に変化する社会では、複雑な問題が絶え間なく発生するため、こうした問題に対処できるクリエイティブな管理職が組織全体で必要とされています。**あなたは誰よりも自分の仕事の領域を知っています。クリエイティブなソリューションはその知識から生み出されます**（→モデル20と21）。ですから、腕まくりして真剣に取り組むこと。さもないと、「管理職として信用を得るには、アイデアと知識が必要だ」と気づいている人に、仕事を奪われるかもしれません。

　このセクションで最後に紹介するのは、自分の仕事を取り戻すための理論です。この解釈が、考案者であるゴシャールとブルックの意図を正しく汲み取っているかはわかりません。

　たいていの人は、新しい仕事に就いた初日には、上司やスタッフや同僚はもちろん、組織の規範という圧力にも従って、自分の役割を定め、そのとおりに実行しようとします。この自ら課した「拘束服」をはぎ取って、あなたがやりたい方法で管理することです。それには自信が必要です。しかしこれをやらなければ、あなたは管理職としての自分の能力を発揮できないでしょう。

Section 3　意思決定スキルを強化する　077

MODEL 18 | アイゼンハワーの委任方針

→あなたが決断すべき案件と他人に任せるべき案件を見極めたいときに

　ドワイト・D・アイゼンハワー大統領は、第2次世界大戦中に連合国軍最高司令官に就任しました。ノルマンディ上陸作戦（Dデイ）の責任者でもあったのですから、意思決定の基本は知っていたに違いありません。アイゼンハワーは、「重要なことが緊急を要することは滅多にないし、緊急を要することが重要であることも滅多にない」と述べたといわれています。

　この方針は、時間管理術として使われてきました。しかしここでは、**すべての意思決定は平等ではないこと、ほとんどの意思決定は部下に任せられること**に気づいていただくために紹介します。

このモデルを実践するには

　右の図を参考に、あなたが先月下した意思決定を分析しましょう。そのうちのいくつを誰かに委任すべきだったと思いますか？

- 緊急性も重要性も低い意思決定：部下がすべき意思決定に、あなたが時間とエネルギーを浪費するのはなぜですか？　部下に委任しましょう。
- 緊急性は高いが、重要ではない意思決定：重要でない意思決定はすべて誰かに委任しましょう。といっても、必要があればスタッフを指導し（→モデル37）、進捗状況をモニタリングすること。委任した意思決定が放置されて、緊急を要する事態になったとしても、あなたは決定を下さないこと。その責任者に、す

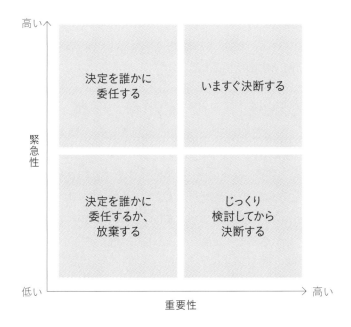

ぐに対応するよう勧めましょう。重要でない意思決定の扱い方には、例外がいくつかあります。たとえば上司や有力な利害関係者からの頼まれごとは、どんな案件であれ、あなたが自分で対応したくなるでしょう（→モデル14）。

- 緊急性も重要性も高い意思決定：あなたが最も時間を割くのはこの種の意思決定でしょう。あなたがすべきことは、このタイプの意思決定の数を減らすことです。それには、あなたが担う重要な意思決定に優先順位をつけ、おのおのの案件がどうなっているかを常に把握することです。
- 緊急性は低いが、重要な意思決定：このタイプの意思決定は、2つの理由で重要になります。1つ目は、あなたが判断を誤ると、ゆくゆくは緊急性も重要性も高い問題となる恐れがあるから。2つ目は、この種の決定はあなたのチームまたは管轄下にある隠

れた問題に関わっている場合が多いからです。こうした問題を
改善できれば、あなたの決断が迫られるような問題が発生する
のを予防できるでしょう。

　意思決定の効率を上げるには、まずは時間と労力をかけて、いま
のシステム、手順、スタッフの意識を変えなければなりません。で
きるだけ現場に近い人が意思決定を下し、スタッフには決断を先延
ばしさせないこと（→モデル1）。同様に、意思決定を誰かに委任した
場合は、スムーズに正しい判断が下されるよう、モニタリングシス
テムと管理システムを整えておきましょう。（→モデル67）。
　あなたは自信を持って決断するとともに、他の人が下すべき意思
決定には関与しないこと。

考えてみよう

- 未決案件の中には、緊急性は低いが重要な案件がいくつかある。
  長い目で見て、今日この中のどれに取り組めば、時間の節約に
  なるか？
- 頼りがいのある人だと思われたいとか、自分をよく見せたいと
  いった理由で、あなたは暗黙のうちにスタッフに、意思決定は
  すべてあなたに任せるよう働きかけていないか？

悪い意思決定

1876年にウエスタンユニオンは今後の通信事業を選ぶ際、電報に
投資することを決定し、電話への投資を見送った（当時、電話は先
進的すぎたのだろう。と言っても、現在の携帯電話のメールは電報に似
ているので、同社の判断のほうが先進的だったのかもしれないが）。

MODEL 19 フィードバックの段階表

→常にみんなを喜ばせることはできない。だから自分を喜ばせようと思ったときに

面の皮が厚くなければ管理職は務まりません。スタッフ、上司、顧客、サプライヤー、その他多くの人が「これはフィードバックです」と言いながらあなたを批判するでしょう。ですから、「批判に慣れる」ことが大事。フィードバックには下図の4段階があります。たとえネガティブな批判を受けても、自信を失わないでください。

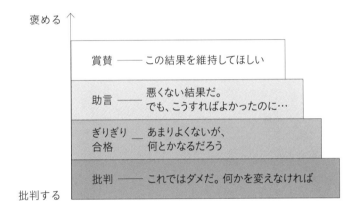

このモデルを実践するには

モデル41（サンドイッチ・フィードバック）とあわせて読むと効果的です。

「フィードバックは直接自分に言ってほしい、それからある程度の時間をください」と主張すること。また、言われたことはメモしま

しょう。

　フィードバックをくれる人は、「あなたのやり方」を批判しているのであって、「あなた」を批判しているわけではありません。「やり方」と「あなた」は別なのですから、何を言われようと個人的に受け取らないこと。

　また、反論したくなっても、何も言わないこと。「相手が話し終えたらこう言おう」などと考えないこと。言われたことをひたすら聞きましょう。

　フェアでないと感じた場合、あなたにはフィードバックを拒否する権利があります——たとえば状況的に仕方がなかった場合や、事実が間違っている場合、誤解されている場合など。そんなときは怒ったり感情的になったりせず、きっぱりした態度で事実を話しましょう。

　言われたことに耳を傾け、時間があるときに、そのコメントが先ほどの4段階表でどの段階にあてはまるかを考えます。

①賞賛：賞賛は毎日もらえるわけではありません。褒め言葉は謹んで受け取り、パフォーマンスをさらにアップさせる方法はないか考えましょう。

②助言：他人がフィードバックをしてくれるのは、あなたをよりよくしたいからです。批判しているのではありません。相手はあなたの仕事ぶりを評価しながら、あなたはもっとできると信じているのです。とはいえ、彼らの言い方に腹が立つこともあるでしょう。「助言の内容」と「言い方」を分けて考え、「助言の内容」に従って行動します。

③ぎりぎり合格：誰かから大げさにほめられるよりも、厳しい上司のほうがあなたにとっては貴重な存在かもしれません。フィードバックで上司が何を伝えようとしたのかは、あなたにしか

わかりません。しかし、あなたのパフォーマンスが実際に合格ラインだったとしたら、批判を真剣に受け止めて、手を打たねばなりません。自分で改善計画を練りましょう。必要であれば、上司に具体的な質問をして、自分は何をするべきかを正確に聞き出してください。

④批判：管理職の中には、批判的なことしか言わない人がいます。そのような上司の下で働く人には、転職をお勧めします。さもないと、長年の間にあなたの自信が蝕まれるからです。とはいえ、あなたの上司がいつもは公平で理性的な人ならば、その批判を受け入れて行動に反映させましょう。あなたが率先してやることが大事です。行動計画を練り、その計画について上司と話し合って適宜修正しましょう。

考えてみよう

- あなたは批判に対して敏感に反応するか？
- 批判に対して敏感に反応するのはなぜか？　その傾向にどう対処するつもりか？（→モデル24）

優れた意思決定

インドのタタ・グループは、労働者階級の人々のために安く車をつくって2000ポンド以下で売ろうと決めた。彼らの決定は自動車業界から無謀だと批判されたが、予想を裏切って大成功を収めた。

MODEL
20 自由に発想する方法

→イノベーションを心がけないと競合に追い抜かれてしまうというときに

　斬新ですばらしいアイデアを確実に思いつく方法はありません。すばらしいアイデアの多くは、魔法のように心にふと思い浮かんだものばかり。しかし魔法は滅多に起きません。耕していない土地に種をまいても成長しないのと同じで、準備が整った心にしかアイデアはやってこないからです。心を準備するには、常に学び、考え、観察し、試行錯誤しなければならないというのが実際です。

　新しいアイデアが思い浮かぶのは、既存のやり方や考え方、慣習的な行動や態度に疑問を抱き、それを打破しようと挑むときです。また、人々が可能性を夢見たり、空想したりするのを受け入れられる環境も重要です。たとえば1960年代には、どのSF雑誌にも万能コンピューターや自動運転車が登場しました。そしていまや、コンピューターは身近な存在として定着しましたし、自動運転車もあと数年で実用化されようとしています。

　とはいえ、夢見たり、空想したりするだけでは不十分です。管理職は実験し、実行し、ときには失敗する勇気を持たねばなりません。最初は失敗しても、それがやがて成功の足がかりとなるかもしれませんよ。

このモデルを実践するには

　まずは「創造力の筋肉」を鍛えましょう。たとえばペーパークリップやレンガなど、ありふれた物の使い方を20〜50通り考えてみましょう。

創造力テストが含まれているクイズ雑誌を読むのもいいでしょう。創造力を鍛える本をネットで検索しましょう。教育分野でよい本が見つかるかもしれません。

　刷新したい分野に関することをすべて学びましょう。仮にあなたが、ある製品の製造方法を抜本から見直したがっているとします。そのときは、マネージャー・技術者・製造過程の監督者と話しましょう。備品のサプライヤーとも話します。それから専門職の人、すなわち製品の製造に関わって既存の工程で作業する人はもちろん、顧客とも話をして知識を蓄えるのです。

　あるいはスキャンパー法（→モデル16）を使って、現在のやり方をいじれないか考えるのも有効です。

　また、外出するときや人と会うときはもちろん、映画を観るとき、だらだらとテレビを観るとき、テレビゲームで遊ぶときも、目と耳の注意は怠らないこと。新しいアイデアは思いがけないところからやって来ることが多いので、常にチャンスをうかがいましょう。チャンスが到来したときに、「これはチャンスだ」とすぐに察知できることが重要です。

　もしアイデアかその手がかりがひらめいたら、すぐにそれをメモしましょう。「覚えておこう」などと思ってはいけません。絶対に忘れてしまうからです。さらに、アイデアはリラックスしているときにひらめくことが多いものです。たとえば眠りに落ちようとしているときや、目が覚めたばかりのときにも。ですからベッドにはメモと鉛筆を常備しておきましょう。

　アイデアは、提案できる形にまとまるまで誰にも話さないこと。アイデアが固まる前に発表して誰かに突っ込まれると、せっかくのアイデアがしぼんでしまいます。誰かにアイデアを盗まれる恐れもあります。作家にはよくある出来事かもしれませんね。

Section 3　意思決定スキルを強化する　　085

考えてみよう

- ■「この仕事を刷新するのは自分だ」と自負しているか？
- ■ 最近、創造力を発揮するようなことを何かしたか？

悪い意思決定

フォード・モーターは、19年間T型フォードの刷新・改良を怠った。その間に競合他社は技術を刷新し、顧客の要望に応えた。その結果、フォードの市場シェアは驚くほど縮小した。

MODEL 21
ゴールマンのEQ（こころの知能指数）

→あなたの意思決定に対する利害関係者の反応をもっと理解したいときに

　ダニエル・ゴールマンがまとめたEQ（こころの知能指数）は、タネンボームとシュミットの意思決定スペクトル（→モデル5）とは正反対と呼べるほどかけ離れた考え方です。ゴールマンが考える、EQが高くて有能な意思決定者の5つの特徴は以下の通りです。

①自己認識：強い管理職は自分の強み、弱み、信念、他人がどう考えるか、他人にどう対応するかを知っている。この知識が彼らの自信の礎となっている。おまけに、自信は意思決定者になくてはならないものである。

②自己規制：管理職は、自分が何に対して感情的になりやすいかを意識しておこう。そして意思決定を行う際には、激情や衝動をコントロールできるよう準備しておく。

③動機づけ：EQの高い管理職は、自分の仕事が動機になっている。第三者の褒め言葉や評価は求めていない。これはどの意思決定者にも欠かせない資質だ。常に皆を喜ばせることはできないのだから。

④共感：優れた管理職はスタッフの気質を理解している。ある決定を下すと、スタッフや利害関係者がどう反応するかを予測でき、彼らの反発を和らげるような行動が取れる。

⑤ソーシャルスキル：人々を動かし、サポートしてもらうためには、管理職はスタッフ、従業員、経営幹部、あらゆる利害関係者と強固な関係を築かなければならない。

Section 3　意思決定スキルを強化する　087

このモデルを実践するには

　EQは、あなたの心構え、共感力、感情に関わる能力です。EQの原理は本で読めますが、頭で理解するだけでは不十分。学んだ内容を実践することが大事です。日々の生活を通してEQは発達し、あなたの考え方は変わり、そしてそれが第2の天性となるでしょう。

　職場で、あなたの行動を観察してくれるコーチかメンターを探しましょう。あなたがゴールマンの5つの原則を実践する間、その人にあなたの進捗についてフィードバックをもらうのです。

　EQを実践することは、あなたの心構えや信念を変えることです。それは決してやさしいことではありませんし、途中で間違えることもあるでしょう。だから、心にひっかかる出来事があったら、できるだけ早くそれをリフレクティブジャーナルにつけること。後でその出来事を分析・評価し、自分の行動で悪かった点は何かを突き止め、将来同じような状況になったときにどう行動すればいいかを考えます。

　意思決定を実行に移す際は、その決定に影響される利害関係者の立場で考えましょう（→モデル14）。その課題を第三者の視点から考え、利害関係者の不安を和らげるには、そして彼らの支持を得るにはどうしたらいいかを考えるのです。

　それでもまだあなたに反対する人がいたら、その人の話を聞いてみましょう。その人の言い分に耳を傾けるのです。次に何を言おうかなどと考えないこと。ひたすら聞きます。相手の話をさえぎったり、「あなたの気持ちはわかります」などと言ったりしないように。他人の気持ちはわかりようがないからです。ただ話を聞いてもらいたいだけの人は大勢います。胸の中の不安を吐露したいのです。たとえ意見が採用されなくても、彼らは話を聞いてもらえただけで満足するでしょう。

共感することとは、相手の考えや状況を理解することであって、同意することではありません。あなたの主義を曲げないこと。

考えてみよう

- EQをどう思うか？　いいアイデアだと思うか？　くだらないと思うか？　なぜそう思うのか？
- 家族、友人、スタッフは、あなたのEQレベルはどれぐらいだと言っているか？

優れた意思決定

ウォルト・ディズニーは、妻リリアンの意見を聞いて、ねずみのキャラクターの名前をモーティマーではなく、ミッキーと呼ぶことにした。モーティマーは1920年代当時でも古くさい名前だったし、明るくて積極的なイメージもない。ミッキーのキャラクターとは重ならない名前だったのだ。

Section 3　意思決定スキルを強化する　089

MODEL 22 ゴシャールとブルックの自分の仕事を取り返す法

→**管理職としての輝きを取り戻したい、再出発したいときに**

　スマントラ・ゴシャールとハイケ・ブルックの調査から、多くの管理職は自分には自主性が認められていない、仕事の進め方を勝手に決められない、権力もないと思い込んでいることがわかりました。さらに彼らは、上司の命令を拒否できないと感じているそうです。

　その一方で上司は、管理職について不平をこぼします——大局的に物事を見られない、アイデアを出してそれを実行できない、自分で判断できない、自分の部署の目的を組織の目的に合わせられない、と。実は上司たちは、管理職がイニシアティブを取ろうとしないことや、主体性に乏しくて受け身的であることを不満に思っているのです。

　そのような**批判を封じ、自分の仕事を取り返すには、仕事の3つの側面に働きかける必要があります。**下図がその3つの側面です。

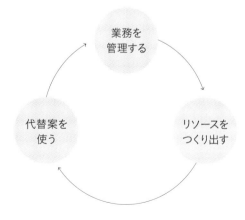

このモデルを実践するには

　経営陣に対して自分はどんな態度を取っていると思いますか？ あなたは受け身的な管理職ですか？　それとも主体的な管理職ですか？　受け身的な人は、自分を抑えつけている鎖を外さなければなりません。なぜ受け身的なのか、モデル24と29を参考に、その理由を突き止めましょう。

　「忙しいのだから、自分は優秀な管理職だ」などと思わないこと。通常業務に追われて、重要な仕事を放置してはいけません。仕事の境界線を引いて、それを守ることです。「緊急であることと重要であることは別だ」と言ったアイゼンハワーの言葉の意味を読み取りましょう。アイゼンハワーの分析を頼りに、重要性の低い意思決定やタスクは他の人に任せるのです（→モデル18）。

- **業務を管理する**：無能な管理職は、日々のプレッシャーに押されて、「これをやろう」と決めます。自分の仕事を取り返すには、自分はどの仕事をするか、そしてその仕事をいつまでにやるか、予定を立てなければなりません。まずは上司と利害関係者の期待（→モデル30）に対処し、日々の業務と単発のプロジェクトに、ややタイトながらも現実的な期限を定めましょう。

- **リソースをつくり出す**：受け身的なマネージャーは、リソースが足りないと、「この仕事は無理だ」と思い込みがちです。主体的なマネージャーになるには、戦略的に考えましょう。あなたの目標を会社の目標に合わせるのです。そうすれば、リストラの際に自分を守ることができますし、リソースが潤沢になったときに優先して割り当ててもらえます。さらにボーリングピン戦略（→モデル50）のアドバイスに従って、あなたの主導権をほんの少し発揮してみましょう。実力を認められれば、予算か

Section 3　意思決定スキルを強化する　　091

支援を受けて、全面的に主導権を握らせてもらえるかもしれません。

■ 代替案を使う：平均的なマネージャーは、全体像が見えず、目的を達成するには他の方法もあることに気づきません。主体的なマネージャーになるには、自分の仕事分野を熟知し、他の部署の仕事に関する実用的な知識を身につけましょう。そうすれば、障害にぶつかっても、詳しい知識を駆使して障害を切り抜けられるでしょう。

遠回りしなければならないときは、新しいチャンスがないか、あなたの目的を達成する方法がないか、常に目を光らせましょう。

考えてみよう

■ 先を見越して行動しているか？
■ 期限、目標、目的を重要度別に分析したリストはあるか？

悪い意思決定

1980年代にIBMは、パソコンと同社の計算処理能力の需要が伸びる一方で、汎用コンピューターの市場は縮小するだろうとの予測を受け入れなかった。

Section 3 　結論

ファースト11

　当然ながら、「このセクションのエース」には「アイゼンハワーの方針」が選ばれました。偉大なトップであったアイゼンハワーは、重要な仕事をこなすには、瑣末な仕事に時間を取られるわけにはいかないことをわかっていました。

「アイゼンハワーの方針」は、どの決断をあなたが下すべきで、どれをほかの人に任せるかを判断するための基準となるだけではありません。この判断基準は、仕事にも当てはめられるのです。実に多くの管理職が、誰にでもできる仕事に多くの時間を費やします。彼らは、忙しいことと有能であることを混同しているのです。あなたの時間には限りがあります。**時間は重要な仕事と意思決定に使うべきであって、若手社員にできる仕事にあなたの時間を浪費するべきではありません。**

　仕事を任せることに不安がある人は、スタッフを信じてサポートすることを学びましょう。安心を確保しつつスタッフをサポートするには、状況対応型リーダーシップ（→モデル37）を使って、スタッフを育成・管理しましょう。

管理職が絶対に身につけなければならない資質

　意思決定者や管理職が絶対に身につけなければならない資質があるとすれば、それは「自信」です。自分を信じられない人を、誰が信じるというのでしょうか？　しかし自信ははかないものです。とくに若手管理職にとっては。フィードバックの段階表（→モデル19）

Section 3　意思決定スキルを強化する　　093

を使って、あなたへの批判を分析しましょう。よいアドバイスには従い、あなたを動揺させたいだけのコメントやあなたの鼻をへし折りたいだけのコメントは無視しましょう。たいていの場合、他人の不当な批判は、単にあなたを恐れているだけなのですから。

　仕事上の問題については、独創的な解決方法がないか探しましょう。最初はなかなかアイデアが出てこないかもしれません。しかし、アイデアは準備が整った心から生まれるということを忘れないでください。そうすれば、すぐにいろんなアイデアが生まれてくるでしょう。スタッフを巻き込んでアイデアを出し合えば、心強くなります。個人かチームかを問わず、アイデアを出した人は必ず正当に評価すること。さもないとあなたはEQ（こころの知能指数）の礎である信用を失うかもしれません。

　最後に、管理職としての自分を改革してみてはどうでしょうか。斬新な方法で変わる必要はありません。一度に少しずつ前進すればいいのです。しかし、あらゆる決断と同様に、最終的な目標を定める必要があります。ですからゆっくりと時間をかけて、どんな管理職になりたいかを考え、具体的に思い浮かべてください。それからその目標を実現するための戦略とスケジュールを練りましょう。あとはその目標に向かって突き進み、目標を達成するまであきらめないことです。

Section 4

自分に関する
意思決定モデル

Section 4　イントロダクション

「汝自身を知れ」という言葉は、元々はデルポイのアポロン神殿の入口に刻まれていた言葉です。一見シンプルに見える多くの格言と同じように、この言葉にもいくつかの意味が含まれています。

　人々の中には、「賢い人は自分の真の姿（良い面も悪い面も）を認識しているし、自分の真価も知っている。だから他人から何を言われようが気にするなという意味だ」と解釈する人がいます。あるいは「この言葉は、自分自身や自分がやっていることをきちんと理解していない人——オーディション番組『ブリテンズ・ゴット・タレント』に出場する、入賞とは無縁の人たちなど——に、目を覚ませ、現実を見ろと戒めているのだ」と解釈する人もいます。

　優れた意思決定者になるには、「汝自身を知る」必要があります。自分の主義主張や、あなたの人格形成に影響を与えたものは何かを知ることです。これらを知らなくては、有能な意思決定者にはなれないからです。なぜそんな知識が重要なのかって？　性格・信念・考え方・過去の出来事は、無意識のうちにあらゆる意思決定に影響を与えるからです。**素早く最善の決断を下せるようになりたいなら、過去の出来事がいまのあなたの考え方や意思決定にどう影響しているのかを知らなければなりません。**それを知って初めて、自分の偏見を差し引いて考えることができるからです。

　さらに、管理職や意思決定者はいつも批判され、後でとやかく言われがちですが、自分を知っていればこれらにも対処できます。自分を知ることで、自分に自信を持ち、他人から認められたいと必死にならなくなります。個人攻撃や批判を浴びても、自分を冷静に保てるようになるのです。

理論を実践するにあたっては、とにかく自分に正直になること。あなたが「家族や友だちよりも仕事を優先することがある。私はそうしたいからだ」と本音を吐露しても、誰も見ていませんし、舌打ちする人もいません。自分に嘘をつくと、仕事での決断に影響を与えているものが何かを突き止めるのが難しくなります。

　ここでの理論から学んだ教訓の中には、やっかいだと感じるものもあるでしょう。そう思えば、しめたものです。それはあなたがその考え方が気になっている証拠だからです。あなたはいま、この何年間かにあなたが行った意思決定や選択について、それを決断した理由を知ろうとしているということだからです。

　このセクションを実践して得た洞察は、より良い管理職になるために役立つでしょう。自分を知ることで、スタッフはもちろん、彼らの夢、自らつくってしまった障害・不安・モチベーションも理解できるようになるからです。スタッフへの理解が深まると、彼らの気持ちがわかるようになります。その結果、スタッフと強固で効果的な仕事関係を築くとともに、どうすれば彼らの意欲をかき立てられるのかもわかるようになるでしょう（→モデル27、40）。

MODEL
23
クリステンセンの幸せな
人生を送るための戦略

→自分の「人生哲学」を見極め、意思決定の拠り所にしたいときに

クレイトン・M・クリステンセンは、学生たちに人生戦略を立てなさいと訴えたことで知られるハーバード・ビジネス・スクールの教授です。**人生戦略を立てることで、最も重要なことは何かを肝に銘じることができるし、充実した幸せな人生を送るという究極の目標を達成しやすくなる**とクリステンセンは主張します。

手始めに、以下の問いの答えを考えてみましょう。

①仕事中、私は何に幸せを感じるか？
②家族と共に幸せで充実した人生を送るには、どうすればいいか？
③私の信念を貫く生き方とは？　常に誠実な行動を取るにはどうすればいいか？

仕事が充実していて、家族と幸せに暮らし、自らの信念に従って生きると、人は幸せだと感じる可能性が高くなる──基本的には、クリステンセンの理論の根底にはこのような思想があります。

このモデルを実践するには

まず自分の「最期」をイメージして、自分の死亡記事を書いてみてください。短くまとめましょう。どんな人間だったと人々の記憶に残りたいですか？　たとえば「やさしい親だった」など。その死亡記事の内容は、あなたが人生の重要な決断を下すときに参考になりますし、クリステンセンの問いを考えるときも役立ちます。

①仕事で幸せを感じるにはどうすればいいか？

クリステンセンは、ハーズバーグ（→モデル40）と同様に、人間の意欲をかき立てるのは、お金でも権力でも地位でもないと考えています。むしろ、自分を成長させてくれそうな、楽しくて奥が深くて、やり甲斐のある仕事で、なおかつある程度主体的に動くことができる仕事だと、人のモチベーションは上がります。あなたの仕事にこれらの要素が欠けているなら、もっといい仕事を探すことを検討してはどうでしょうか。

②家族と幸せで充実した人生を送るには？

たくさんの材料を投入することで、家族との幸せな人生ができあがります。その1つは、仕事と家庭という相反する要求にバランスよく応えることです。仕事と家庭にどれだけ時間を割くかを決め、それを守るのです。時間配分は定期的に見直しましょう。あなたのキャリアは就職してしばらくは忙しくても、やがて安定して最後には下降していきます（残念ながら、誰もがそうなります）。

家族や友人よりも、職場の人などの他人を優先させないこと。家族や友人といるときに、椅子にくつろいでテレビを見ていてはいけません。皆と話すか、できれば皆の話を聞きましょう。会話の中心には、あなたではなく、あなたのパートナーや子どもや友だちを据えます。皆の話に耳を傾けると、あなたが彼らの人生を気にかけていると態度で示すことができるのですから。

③自分の信念を貫き、誠実に生きるには？

まずは、自分の信念を見極める必要があります。しかし、どのロックバンドも最初はあこがれのミュージシャンをまねるのと同じで、あなたもまずはお手本を見つけて、その人をまねるといいでしょう。あなたの"理想"の特徴の中から、いらないものを捨てたり、修正し

Section 4　自分に関する意思決定モデル　099

たり、新しい信念を足したりしていくうちに、やがて"自分の音色"
が見つかります。

　信念を「今回だけ」破ろうなどと思わないこと、一度でも破ると、
その次も無視しやすくなるからです。信念の数は最低限にとどめて
おくこと。この信念を守るためなら職も辞さないと思えるほど強い
信念だけを選ぶのです。難しい状況になったときに捨ててしまうの
は、信念ではありません。それはただの指針です。

考えてみよう

- ■ 職も辞さないほど大切なものは何だろうか？
- ■ うちの組織にいる人で、お手本としてまねるなら、誰がいいだ
  ろうか？

優れた意思決定

ジョナス・ソーク医師は、当時の医学の常識に反して、「死滅した
ウィルス」を使ってポリオワクチンを開発した。こうして1954年、
史上初のポリオワクチンが誕生した。ライバル研究者が生ワクチ
ン株を使うことを思いついたのは、その7年後のことだった。

MODEL 24 過去の出来事に向き合う方法

→いまもあなたに影響を与えている過去の出来事や体験を知りたいときに

意思決定は未来に関わることです。しかし過去の経験は、いまの
あなたの考え方や行動に影響を与えます。**これまでに蓄積された信
念、心の反応、感情、思想、個人的な思い込みは、現在のあなたの
判断力に影響を与える**のです。たいていの場合、これらの影響は無
意識のうちに作用します。どの要素があなたに影響し続けているか
を知るには、以下のプロセスを試してみましょう。その要素が明ら
かになれば、対処できるかもしれません。

このモデルを実践するには

以下の表を参考にして、あなたが「つらかったこと」と「誇らし
く思ったこと」をリストにまとめましょう。「家族」「人間関係」「勉

つらかったこと（10点満点中）	誇らしく思ったこと
読み書きを覚えるのが遅かったため、小学校の先生から馬鹿だと思われた（10点）	高校を優秀な成績で卒業した（8点）
そのため小学校のころの私は、友だちづきあいと勉強の面でコンプレックスを抱いた（8点）	中学校に入りたてのころ、ある先生から「頭はいいのだから、しっかり勉強しましょう」と言われた（9点）
小学校と中学校の低学年のころ、クラスメートにいじめられた（6点）	運動能力に優れていたため、中学校のときに何度もメダルをもらった（7点）

Section 4　自分に関する意思決定モデル　101

強」「仕事」の4種類のリストをつくります。

　リストが完成したら、いまのあなたの考え方に影響を与えていない「ただの思い出」を省きましょう。

　リストには、いまのあなたの行動に影響する出来事だけが残っています。あなたの心の中にはこれらの出来事が刻まれており、意思決定を下すときも、問題に取り組むときも、これらの出来事が影響を与えます。

　あなたの判断力に影響している出来事を明らかにするには、簡単な分析をやってみましょう。たとえば、中学生のときに苦い経験をした人は、こう自問します。「私はいつも励ましを必要としているだろうか？」「自分に自信が持てない？」「完璧主義者だろうか？」これらの問いに「イエス」という答えが1つあれば、あなたの意思決定に影響していると考えられます。

　自分に影響している出来事がわかったら、次のように考えていきましょう。

- ネガティブな出来事に左右される状態をそのまま放置しますか？ 決断しましょう。その記憶のせいで気後れしたり、悩んだりするなら、捨ててしまいましょう。時間はかかりますが、心の傷の正体がわかったいま、それを踏み超えて忘れることは可能です。自分にポジティブに話しかけると楽になります。

- 誇らしく思った出来事を思い出して、自信を深めましょう。ただし、自信過剰になって横柄な態度を取ったり、軽率に行動したりしないよう注意すること。

- 省きたくない（または省けない）出来事があれば、それをリストにまとめます。意思決定を下すときは、あなたの思考や最終判断に、これらの出来事が影響することを意識しましょう。

考えてみよう

- 子どもが生まれたときや、あなたが人を教える立場や管理職などになりたてのころに、あなたが慕っていた目上の人のことを思い出そう。その人から言われたことは正しかったと思うか？　だとしたら、なぜそう思うのか？
- 否定的なコメントや批判はすぐに受け入れるのに、ほめ言葉は素直に受け取れないのでは？

悪い意思決定

イギリス国内の国鉄の将来に関する調査を基に、イギリス政府は1960年代前半に「ビーチング計画」を実施することを決断した。かくして2360カ所の駅と805キロの路線が廃止された。その結果、貨物輸送は列車から道路輸送にシフトし、何百万人もの人々が列車の代わりに車を利用するようになった。

MODEL 25 ジレンマを 解決する方法

→2つの選択肢から1つを絞り込みたいときに

　誰でも、2つ以上の相反する選択肢を突きつけられることがあります。たとえば、トランプのカードを手元に残すか出すか、新しい仕事を求めてロンドンに引っ越すか地元にとどまるか。ここで紹介する方法は一見シンプルですが、正しく使えばジレンマを解決する手がかりとなり、今後どう行動すべきかが見えてくるでしょう。

　このモデルは、意思決定のメリットとデメリットを挙げていくだけのものです。しかし、ここでの目的は**影響を与える要素をリスト化すること**。要素それ自体は良くも悪くもありません。あなたに関係する要素というだけです。ジレンマを解決するときは、よい要素や悪い要素といった区別はないのです。

このモデルを実践するには

　仮にあなたがライバル企業からスカウトされて、受けるかどうか決めかねているとします。ちなみにその会社に転職する場合は、約240キロ離れた場所に引っ越さなければなりません。

　紙を一枚用意し、真ん中に線を引きます。左側の欄に、あなたが転職をためらう理由（デメリット）をすべて書きます。右側の欄には転職に魅力を感じる理由（メリット）をすべて書きます。3つ目の選択肢がある場合は、もう1つ空欄を追加しましょう。

　この段階では、思いついたことはすべて書き出します。ささいなこと、重要なこと、絶対に譲れないこと、すべてです。リストは1日かけて作成し、何か思いつくたびにそれを書き加えます。

完成したリストを吟味して、各理由に点数をつけます。1つの理由につける点数に上限はありません。また、同じ点数をつけてもかまいません。ほかよりもずば抜けて点数の高い理由があれば、それに注目しましょう。たとえば、新しい土地に引っ越すこと（メリット：110点）と、パートナーが引っ越しを嫌がっていること（デメリット：100点）との間で決めかねている場合、他の理由はどうでもよくなります。仕事かパートナーか、どちらを優先するかが決まれば、おのずと答えも出ます。

決定的な要素がなく決断しかねている場合は、各欄の合計を出しましょう。仮にデメリットが110点、メリットが130点だったら、転職するのが自然な流れのように思えます。にもかかわらず、どうにも踏ん切りがつかないときは？　点数を再確認しましょう。

採点結果よりも、採点結果をどう思ったか、どう対処するかを考えるほうが重要です。実際に、さまざまな理由を見つけてそれに点数をつけるというシステマチックなプロセスは、この演習の肝です。

考えてみよう

- 転職などを決断するときは、パートナーと一緒に演習をやったほうがいいだろうか？
- 私が見落としている問題点を指摘してくれそうな、よき相談相手はいるだろうか？

優れた意思決定

車がまだ富裕層のものだったころ、ジャン・ポール・ゲティ（アメリカの石油王で、当時「世界一の大富豪」と呼ばれた）は、アメリカ全土にガソリンスタンドのチェーンをつくろうと決断した。

Section 4　自分に関する意思決定モデル　　105

MODEL
26 道徳がらみの意思決定

→あなたの意思決定が道徳に反していないか確認したいときに

　スタンレー・ミルグラムは、1960年代前半に「権威への服従実験」を行って物議を醸しました。この実験では、権力者が被験者に「ボタンを押して、他の被験者に危険なレベルの電気ショックを与えなさい」と命令し（実際には電流は流れない）、被験者は命令通りにボタンを押します。彼らが躊躇なくボタンを押せたのは、「命令だから」だったと考えられます。同じような話をどこかで聞いたことはありませんか？

　幸いにも、あなたが「人を感電死させろ」と命令されることはないでしょう。しかし、管理職として働いている間に、道徳的な意味を持つ決断を迫られる可能性はあります。絶対に譲れないことは何かを認識しておかないと、何でもありになってしまいます。そうならないためには、**自分の道徳的枠組みを確立しておかなければなりません。**

　インターネットを見ると、管理職と会社が守らなければならない道徳的な基準が何千と見つかります。しかし難しくて長いものばかり。以下に、簡単でわかりやすい問いを6つ挙げました。これで管理職が考えておかなければならない重要な問題をひと通りカバーできます。

このモデルを実践するには

あなたの案件が道徳に関わるかどうかを判断したいときは、次のチェックリストで確認しましょう。

□ これは合法的な案件だろうか？——考えて当然の問いなのに、な
ぜか自問することはめったにありません。2012年に、バークレ
イズ銀行のトレーダーが金利を不正に操作していたことが発覚
したスキャンダルで、ロンドン銀行間平均貸出金利を調整して
いた銀行員は、この疑問を抱かなかったために、いまや長期刑
に服しています。

□ この決定によって利害関係者は損害を被るか？——あなたの意
思決定が及ぼす悪影響の範囲を、どの範囲まで考慮しましたか？
——組織、スタッフ、その他の利害関係者まで？　意思決定の
過程で悪影響があると気づいたとき、それを食い止める（また
は軽減する）ために、何をしましたか？　他に方法がないか考え
ましたか？

□ すべての利害関係者にとって公平な決定だろうか？——あなた
の決定で影響を受ける人たちを平等に扱いましたか？　一部の
人に有利な判断をしていませんか？　仮に利害関係者が、あな
たが検討しているところに居合わせたら、あなたがみんなを公
平に扱っていると感じたでしょうか？

□ この意思決定は、市民や環境に幅広く損害を与えるだろうか？
——あなたの意思決定が市民や環境に影響したらどうするか、考
えたことはありますか？　その悪影響を最小限に食い止める（ま
たは回避する）ために、どうしますか？

□ 意思決定プロセスの透明性を確保しているか？——意思決定を
検討している間、それをどこまで利害関係者に話しますか？
スタッフや幅広い市民に、あなたがどうやって意思決定を行っ
たか、意思決定ではどんな要素を考慮したかを詳しく説明する
気はありますか？

□ 決定によってどんな影響が出そうかについて、いろんな人の意
見を聞いたか？——彼らから、いろんな意見が返ってきました

Section 4　自分に関する意思決定モデル　107

か？　あなたの決定に反対する人にも相談しましたか？　反対者たちの意見も検討しますか？

道徳的なジレンマに直面したら、あなたが尊敬できる人で誠実だと言われている上司に、その件について相談してみましょう。

道徳的な問題があることに気づいたら、それを解決または軽減する方法を考えましょう。決定を見直すか、選択肢を変える必要があるでしょう。時間と予算がさらにかかる恐れもあります。しかしそれは道徳に反しないためのコストです。

考えてみよう

- 私の意思決定が他人に及ぼす悪影響を正当化するために、私はもっともらしい理由をつけていないだろうか？
- 道徳に関わる難しい問題に直面したとき、組織内の誰に相談できるだろうか？

悪い意思決定

エドウィン・ドレイクは、1850年代に初めて機械掘りで石油を採掘した。ところが、機械掘りの特許を取らなかったために、何百万ドルものお金をふいにした。

108

MODEL
27 | マズローの欲求段階説

→「要求・欲求・夢」は、意思決定に影響することがあると肝に銘じたい
　ときに

　下の図に示した、アブラハム・マズローによる、かの有名な欲求
段階説は、1940～50年代にアメリカのアングロサクソン系の白人
男性で、プロテスタントの中堅幹部の会社員を対象に行われました。
そのため、**21世紀の裕福でない人々や多様な人々に応用するときは、
注意が必要**です。

　また、次ページの表には、下図の右欄にある要素の主な特徴をま
とめました。

自己実現の欲求：潜在能力を開花させたい	夢
尊厳の欲求：自信や満足感がほしい 仲間や家族から尊敬されたい	欲求
社会的欲求：集団に属したい、愛されたい	
安全の欲求：外敵から身を守りたい	要求
生理的欲求：食料、水、暖かさなど、 生きるために必要なものを確保したい	

Section 4　自分に関する意思決定モデル　　109

- 要求：生き延びるために必要なものを欲すること。たとえば食料、水、家、身の安全など
- 欲求：家族やコミュニティに所属したい、コミュニティの中で地位を確立して、認められ、尊敬されたいという願望
- 夢：満足感でいっぱいになる瞬間を味わいたい、何らかの活動で充実感を味わいたいという願望

このモデルを実践するには

　人間が仕事をするのは、要求（生きるための糧）と欲求（帰属意識と社会的に認められること）を満たすためでもあります。運がよければ、仕事を通して夢をかなえたり、自己実現したりすることもあります。

　俳優、音楽家、作家、医師、科学者を始めとする一部の職業は、他の職業よりも自己実現する可能性が高くなります。「平凡な仕事」をする人は、しばしば家族や社会での生活を通して夢を追います。だからと言って、「平凡な業務」では達成感を味わえないわけではありません。自分とスタッフが無我夢中で仕事に取り組める状況（→モデル28）をつくりましょう。

　誰もが自分だけの要求、欲求、夢を持っています。人に打ち明けたくないものもあるでしょう。しかし、自分には正直に心を開きましょう。一枚の紙に、あなたの要求、欲求、夢を書いてみてください。「年収6万ポンド」など、できるだけ具体的に書くこと。要求や欲求の中で、満たされていないものや、部分的にしか満たされていないものはどれかを考えましょう。

　リストをまとめたら、あなたの要求と欲求のヒエラルキーの完成です。いまやあなたは自分が心から求めている要求や欲求は何かを

知っています。そのリストには他人から押しつけられた要求や欲求は入っていないのですから。

キャリアや活動に関する決断をするときは、このリストが参考になります。あなたが心から望んでいること（→モデル67）を正確に知りたいときや、どんなに追求しても充実感を与えてくれない夢を断ち切りたいときは、このリストを使いましょう。

自己実現や夢は、仕事での努力や社会活動を通して実現することもできます。たとえば少年サッカークラブを運営したり、慈善事業の募金活動をしたり、地元の会場で歌ったりするなど。自己実現はあっという間の出来事ですし、予想外のタイミングで起きることもあります。しかも心がつくり出す主観的で不安定な幻想なので、あっけなく終わってしまいます。とはいえ、どんな仕事をしていようと、われを忘れるほど仕事に没頭できれば（→モデル28）、最高の瞬間を味わえるでしょう。

考えてみよう

- 人生で最高の瞬間を5つ挙げてください。そのうちのいくつが仕事中に起きましたか？
- あなたの中の満たされない秘密の要求・欲求・夢は何ですか？

優れた意思決定

ベン＆ジェリーズの2人の創業者は、1977年に5ドルの通信講座に投資して、アイスクリームのつくり方を学んだ。それはやがて一大アイスクリーム帝国を築くきっかけとなった。

Section 4　自分に関する意思決定モデル　111

MODEL 28 チクセントミハイの フロー体験理論

→最善の仕事を成し遂げなければならないとき、または仕事をもっと楽しく
　したいときに

　アメリカの心理学者ミハイ・チクセントミハイは、**人間は幸せに
なりたいと願う一方で、自分が何に満足感を覚えるかをほとんどわ
かっていない**ことに気づきました。幸せになりたくて、賞賛、名声、
お金などをほしがるのに、それを手に入れても心は満たされないま
まなのはそのためです。

　1000人以上の人々を対象とする調査を行った結果、チクセントミ
ハイは、仕事に以下の5つの要素が含まれると、人は幸せだと感じ
られると結論づけました。

①かなりの集中力を必要とすること
②そのタスクを完了させるために個人が主体的に行動できること
③タスクの難易度が、簡単すぎず、難しすぎないこと
④目的または達成基準が明確であること
⑤すぐにフィードバックが返ってくること

　活動にこれらの要素が含まれるとき、人間はそのタスクに没頭し、
それを終えたときに深い満足感や達成感を味わいます。俳優、音楽
家、芸術家、科学者、外科医などの専門家は、すべてを忘れてしま
うほど没頭するときに、この上ない恍惚感を味わうことがあります。
この心の状態をチクセントミハイは「フロー体験」と呼びましたが、
「ゾーンに入る」と表現する人もいます。

このモデルを実践するには

　フロー体験には、1つのことだけに没頭できるほどの集中力が必要です。しかし多忙な管理職は、タスクに没頭する時間をほんの数分確保するのもやっとです。近くに誰もおらず、電話や電子メールもシャットアウトできて、邪魔されずに仕事ができる場所を見つけましょう。

　完成に1時間以上かかる仕事を選びます。簡単すぎず難しすぎない仕事にすること。目的を明確にします。たとえば上級管理職に提出するレポートについて、「プロジェクトXに関する問題点を、2ページでわかりやすくまとめよう」などと決めるのです。

　レポートに集中するため、オフィスを出てあなたの「隠れ場所」に向かいます。

　レポートを書いたら、満足がいくまで磨きをかけていきます。それから自分で設定した基準どおりに目的を達成しているかをチェックします。

　この方法は、たとえ週に2、3回しかできなくても、仕事の満足度を格段にアップさせるでしょう。

　グループで取り組んでも、同レベルの達成感を味わうことができます。ただし、関係者全員が関心を持つ重要な仕事で、そこそこの難易度と明確な目的があり、なおかつ関係者全員が定期的にフィードバックを受けられる仕事でなければなりません。

　あなたが「フロー体験」を楽しいと感じるのですから、スタッフも邪魔されずに一定時間を1つの仕事に没頭できれば、同じように感じるでしょう。スタッフの仕事の満足度が上がれば、他の仕事の生産性も上がるでしょう。

Section 4　自分に関する意思決定モデル　　113

考えてみよう

- 私が最後に仕事に心から没頭したのはいつだろうか？　私はどう感じただろうか？
- 日常業務のうちのどれを「フロー体験」に使おうか？

悪い意思決定

ラトナーズ・グループのCEOジェラルド・ラトナーは、カメラの前で人気商品のデカンターセットを宣伝した際に、値段が安いのは「ゴミだからです」と言った。その結果、ラトナーズ・グループのジュエリーショップの全盛期は終わりを告げた。

MODEL 29 ジョハリの窓

→自分の知られざる一面を知りたいときに

「ジョハリの窓」とは、提案者であるジョセフ・ルフトとハリー・インガムの先頭の文字を組み合わせた名前です。この理論は、**本当の自分を知るためのツール**を提供してくれます。

ルフトとインガムは、4枚ガラスでできた窓を比喩にして、性格の中には自分から見えない一面や他人から見えない一面があると主張しました。

4つの窓の特徴は、次のページの図にまとめています。

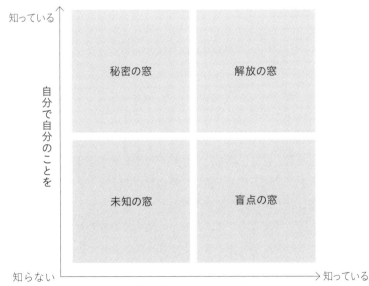

- 開放の窓：自分は知っていて、他人にも積極的に見せる一面
- 秘密の窓：自分は知っているが、他人は気づいていない一面
- 盲点の窓：自分は気づいていないが、他人は知っているあなたの一面
- 未知の窓：自分も他人も気づいていないあなたの一面

このモデルを実践するには

インターネットで「ジョハリの窓」の自己診断を探して、問いに答えます。あなたをよく知る人にも、あなたに関する質問に答えてもらいましょう。

その結果について、協力者と話し合いましょう。この診断を無駄にしないためにも、みんなに「あなたの性格はこうだ」と指摘されたことを受け入れること（→モデル19）。みんなからもらったフィードバックを受け入れて、その性格的特徴が意思決定にどう影響するかを理解する手がかりにしましょう。たとえば、誰かから「あなたは衝動的で、細かいことにこだわる」と指摘されたら、それを受け入れて対処することです。

- 「開放の窓」には、あなたの性格を簡潔に表す表現がいくつも並びます。リストに並ぶ言葉に多様性があるほど、あなたに関する詳しいイメージができあがります。ですから、ぜひ友人の助けを借りて完成させてください。他人にあなたを描写してもらうと、あなたがささいなことと思っていた点が、相手の中では際立った個性として捉えられていて、驚くかもしれません。
- 他方で、誰にも知られたくない一面もあるでしょう。それは「秘密の窓」に関わるテーマです。1人で書く際には、この情報を

他人に知られたくない理由を考えてみましょう。勇気を出して人に打ち明けてしまえば、親しい友人や家族とよりよい関係が築けたり、過去のつらい思い出やトラウマを葬ったりできるかもしれません。

■「盲点の窓」は、あなたをよく知っていて、なおかつあなたが信頼している人と一緒に完成させましょう。相手に言われたことが気に入らなくても、反論してはいけません。自尊心が傷ついたとしても、人々にとってはそれがあなたの人物像なのです。そのイメージが気に入らないなら、イメージを変えるべく前に進みましょう。

■「未知の窓」を完成させるのは簡単ではありません。未知の側面にどうして気づけましょうか？　しかし、非常に苦しいときや大喜びしたときに、意外な一面が飛び出すことがありませんか。たとえば精神的・肉体的にタフだったこと（またはひ弱だったこと）、同情心に厚い一面、意地悪な一面、知られざる才能など。これらはリフレクティブジャーナルにメモしましょう。

考えてみよう

■ 私はどこまで他人に自分をさらけ出せるだろうか？
■ この演習を一緒にやってほしいと頼めそうな、信頼できる人は誰だろうか？

優れた意思決定

アップルは、競合他社よりもデザインに多くの時間とお金を投資して、製品の感触にこだわろうという戦略的な決断をした。結果として時価総額で世界一の会社となった。

MODEL 30

非現実的な期待を
コントロールする方法

THE FIRST 11

→周りから大きな期待を寄せられたときに

　世の中は、実現できない能力を秘めた人々であふれています。そう思いませんか？

「君には才能がある」と言われたことはありますか？　誰に言われましたか？　先生？　大学の教授？　会社の経営者？　何歳のときのことですか？　16歳？　18歳？　21歳？　もっと大人になってから？　人々はあなたのやる気を引きだそうと、期待をかけます。しかし残念ながら、親、先生、恩師あるいは上司が、よかれと思って託した期待に応えようとして、みじめな人生を送る人がいます。人生では、次の2種類の期待に対応しなければなりません。

①自分に対する期待
②他人から託される期待

　ビジネスでは、あなたが何度も組織の有力者や上司の期待を裏切ると、無能な社員だと思われてしまいます。そうならないためには、**あなたに対する人々の期待をコントロールして、彼らの期待値を自分のレベルまで下げなければなりません。**

　他方で、あなたに対する人々のネガティブな予想を覆さなければなりません。たとえばダスティン・ホフマンとジーン・ハックマンは、パサデナ・プレイハウスで稽古を積んでいたころに、「最も成功しそうにない俳優」に選出されました。2人は自分の才能を信じ続け、稽古仲間たちの予想を見事に覆したのです。

118

このモデルを実践するには

　あなたについて人に何かを言われても、鵜呑みにしないこと。よいことも、悪いこともです。自分の能力は自分で評価し、背伸びすれば何とか届きそうな夢と目標を定めましょう（→モデル67）。目標は年に一度見直しましょう。

　他の人から過度な期待をかけられたら、その期待値が下がるよう働きかけること。たとえば上司から「このプロジェクトを担えるのはきみしかいない。きみなら6週間もあればできるよね」と言われたとします。軽いお世辞を言われたからといって、不可能なスケジュールを受けてはいけません。「2、3日考えさせてください」と頼むこと。それから現実的なスケジュールを立てて、上司に「6週間では無理です。9週間は必要です」と訴え、その理由を説明しましょう。

　期待値を下げた後は、その期待を上まわる結果を出します。たとえば、9週間かかるはずだった先ほどのプロジェクトを、8週間で終わらせるのです。これであなたは"期日前にプロジェクトを終わらせる人"として注目を集めるでしょう。"期日よりも2週間遅れで完了する管理職"と思われるより、ずっといいと思いませんか。

　期日を守れそうにない仕事は、決して引き受けないこと。

　悲しい現実ですが、世の中には自分に幻想を抱く人が大勢います。その多くはたいした能力はないのに、恐竜を消滅させた巨大な隕石に負けないぐらい大きい自尊心を持っています。この人たちは、一時的には才能豊かな人に見えるでしょう。しかし時間が経つにつれて、ただのうぬぼれ屋にすぎないことがわかってきます。このような人と競わないこと。いつか真の姿が見えてきます。あるいは、正体がばれる前に、姿を消すかもしれませんが。

　自分の仕事を取り返しましょう（→モデル22）。と同時に、上司ま

Section 4　自分に関する意思決定モデル　119

たは経営陣と話し合って、やや厳しいながらも理にかなった期日と
目標を設定しましょう。

考えてみよう

- あなたが応えようとしているのは誰の期待だろうか？　自分の
  期待？　他人の期待？
- スケジュール、作業量、責任の範囲について上司に交渉すると
  きは、もっとはっきり主張する必要があるのでは？

悪い意思決定

1990年代、ブリティッシュ・エアウェイズは、飛行機の垂直尾翼
のデザインを、イギリス国旗から抽象芸術に切り替える決断をし
た。しかしデザインに対する顧客の評判は悪く、世界中で同社の
ブランドイメージが損なわれた。

MODEL 31 リスク耐性

→**自分のリスク耐性を知りたいときに**

たいていの場合、意思決定は、不完全な情報を頼りに下さなければなりません。そのためどんな意思決定にもある程度のリスクがつきものです。

管理職であるあなたには、組織と同じようなリスク耐性が必要になります。あなたが用心深いのに、組織にはリスクを恐れない人ばかりだと、その環境で成功するのは難しくなります。組織との相性をチェックするには、リスク段階表の中で、あなたとあなたの組織がどの位置にいるかを調べましょう。

このモデルを実践するには

インターネットにはリスク耐性を自己分析できるツールがあります。しかし私がお勧めするのは、あなたがこの3〜6カ月間で下した決定を3つ取り上げ、それを分析する方法です。高リスク、中リス

ク、低リスクな意思決定を1つずつ選びましょう。

重要な意思決定から順に、1つずつ、以下について分析します。

①その決定を下すまでに、どれだけ時間を費やしましたか？
②不安の大きさを10段階に分けると（10点が眠れないほど不安だった）、あなたはその意思決定でどれだけ不安に感じましたか？
③この分析を通して、貴重な教訓を学びましたか？　その学びによって、意思決定への取り組み方は変わりましたか？

各意思決定について自問し、その答えを分析しましょう。たとえば以下のような気づきがあったことと思います。

- 「私は低リスクと中リスクの意思決定には喜んで取り組むが、高リスクなものは不安になる」──それはあなたがリスク回避型だからですか？　それとも経験が足りないからですか？
- 「ごく基本的な意思決定は別として、ほとんどの意思決定に不安を覚える」──だとしたら、その不安の原因は何ですか？（→モデル24）
- 「決定を下した後も、ずっとその判断についてぐずぐずと考えてしまう」
- 「私はいつもロシアンルーレットの参加者みたいにおびえて、リスク嫌いの臆病者になる」
  分析結果を基に、あなたのリスク耐性が段階表のどこに位置しているか見極めましょう。意思決定の重要度によって、リスク耐性が異なるかもしれません。その場合は、各レベルに対するリスク耐性を把握しましょう。
  組織が下した意思決定についても上記と同じように分析して、組織のリスク耐性が段階表のどこに位置するか検討しましょう。

あなたと組織のリスク耐性を比較します。組織と比べて、あなたが恐ろしく用心深い場合や、冒険し過ぎる場合は、リスクに対する考え方を変えるか、転職を検討したほうがいいでしょう。いまのリスク耐性をどれだけ変えられるか、確かなことは言えません。あなたのリスク耐性が組織のリスク耐性と大差ない場合は、意思決定に対する基本ルールを決めて、行動を見直しましょう（→モデル1）。また、経験を積み重ねるうちに自信を持って判断が下せるようになります。

考えてみよう

- 家族、友だち、同僚などから「リスクを取りたがる」と言われたことは？
- 組織の中で将来有望な管理職は誰だろうか？　その人たちのリスク耐性はどうだろうか？

優れた意思決定

ハンガリーの建築家エルノー・ルービックは、立方体の数学パズルをつくれば、大勢の人が興味を持つはずだと確信していた。そこでルービックは、アイデアル・トイ・コーポレーションがルービックキューブの製造・販売を行うことを許可した。

Section 4　自分に関する意思決定モデル　123

MODEL 32 沈みかけの船から脱出する方法

→ **離職するタイミングを知りたいときに**

　このモデルのテーマは「自分を優先すること」です。組織に誠実でいるのはよいことですが、沈みゆく船から脱出するタイミングを知っておく必要があります。

　組織が崩壊しつつあることを知らせる予兆はたくさんあります。しかし残念ながら、重要な財務情報にアクセスして危険を察知できる人は、組織の中でもごく限られています。

　とはいえ他にも危険を知らせる予兆はあります。以下に示すのは、**「組織が崩壊しつつあることを知らせる危険信号」**です。予兆に気づいたら、決断してください——「ここにとどまるべきか、去るべきか？」と。

- 上層部も取締役会も、現実を見据えて軌道修正を図ることができない。それどころか、到底実現しそうにない壮大な計画を話し合っている。

- 組織とその将来について、上司に率直に訊ねても、明確な答えが返ってこない。

- 会長のエゴをコントロールできない。たとえば、会長が世間の注目を集めたくて、サッカークラブを買収するなどの派手な計画にうつつを抜かしている。

- 役員が次々に離職する。または1929年10月のウォール街のように、取締役が自社株を大量に売却している。

- 決算発表が遅れる、監査役が決算書の承認を拒否する、または監査役が辞任する。

- 経営陣が財務担当責任者の話を聞かず、「財務の問題は一時的なものだ。もっと広い視野で物事を見なさい」などと言って、財務情報を軽んじる。そのような組織を広い視野で見ると、最後は行政執行か倒産が待っていることがわかるだろう。
- 現場のスタッフが手を抜き、顧客のクレームが増える。
- 仕入れを確保できない、またはサプライヤーから「支払いが遅い」とのクレームがくる。
- 長期的な戦略がないまま意思決定が行われる。

このモデルを実践するには

　キャリアに大きく影響しそうな事態に備えて、前もって準備しておきましょう。組織の内外に人脈を築いておけば、失業したときに役に立つかもしれません。

　ハンフリー・ボガートはすばらしい男優でしたが、好人物というわけではなかったようです。ボガートは映画の制作者から意に沿わない要求を突きつけられたら、対抗できるようにしておきたいと考えました。そこで彼は「おさらば資金」を積み立てたのです。

　あなたにもそんな資金が必要です。1カ月の生活にかかる金額を割り出し、その3〜6倍（できればそれ以上）の資金を貯蓄すること。これで、いざというときに頼れるお金を確保できます。

　また、自分の「市場価値」を維持すること。たとえ転職する気がなくても、1年に1度は面接を受けましょう。面接に合格するには、ふさわしい人材だと認められなければなりません。ですから練習しておくことです。5年ぶりに面接を受けたら、気後れしてしまいます——どうしても受かりたい仕事ほど、面接でうまく話せなくなるものです。

　専門的なスキルと知識を常に向上させることも大事です。あなた

にとって最大の資産は自分自身。ですから自分に投資して、専門スキルを向上させましょう。

これらに加えて、経済誌や経済サイトをチェックして、あなたの組織に関するネガティブな記事がないかも探しましょう。

前述した悪い兆候が3つ以上あったら、脱出ルートを確保しましょう。すぐに求人に応募することです。

脱出できないときは、そこにとどまって組織の厳しい末期を処理し、組織または国から支給される退職手当について調べましょう。

考えてみよう

- ■ 組織の中で、何が起きているかを正直にあなたに話してくれそうな人は誰か？
- ■ あなたの社外の人脈は役立ちそうか？

悪い意思決定

クライブ・シンクレア卿が開発したZXコンピューターは、爆発的にヒットした。シンクレアは次にシンクレアC5という1人乗りの自動車を開発したが、こちらは大失敗に終わった。彼はコンピューターには精通していたが、自動車のことはわかっていなかったのだ。

Section 4　結論

ファースト11

　役員を目指す人を挫折させるには、「上層部は君の能力に失望しているらしいよ」と言うだけで済みます。言われた相手は、自分の性格には何らかの弱点か欠陥があると思い込み、「理想の未来像」をあきらめてしまうからです。

　私が「非現実的な期待をコントロールする方法」（→モデル30）を「ファースト11」に選んだのは、そのような期待から逃れる方法を教えてくれるからです。

　レベルを問わず、管理職は常に人から見られています。役職に任命された瞬間から、一挙手一投足をしっかり観察されます。あなたが何をしようとも、人から見られ、評価されます。成功しても、人々から当然と思われてめったにほめられませんし、少しでも失敗すると、弱みを握られたような気持ちになります。将来有望と言われた人が、なかなか頂点にたどり着けないのは無理もありません。

　管理職は「非現実的な期待をコントロールする方法」を実践することで、誰かの誇大な妄想に応えられないせいで「敗者」になるのを避けられます。このモデルは、**高い期待値は下げ、低い期待値は上げることが基本**です。そのためには、与えられた目標と期日を動かさねばなりません。つまり、上司／経営陣に交渉するのです。交渉の際には、自分の意見をはっきりと主張することです。

予想に反するものは見落としかねない

　このセクションで紹介したモデルは、さまざまなテーマに関わっ

ています。しかし基本的には、どれも「あなた」に関係しています。いまのあなたになるまでの過程、あなたの人格、仕事で好きなことや嫌いなこと、仕事と人生に何を望んでいるのか、など。これらの要素は意思決定に影響するため、これらを理解することは意思決定者にとって重要なのです。

調査の場合は、被験者は先入観を持っているという前提で実験が行われます。しかし実際には、研究者の先入観のほうがずっと重要になります。考えてみてください。研究者の先入観は、テーマの選択から始まり、どのデータ収集方法を選ぶか、調査結果をどう書くかにも影響します。

管理職のあなたも、無関係な話ではありません。偏見のない心で問題にあたるわけではないからです。問題がわかった途端、あなたはその原因は何か、一番いい解決方法は何かを考えます。それはごく当然のこと。しかしそれは、当たり前の情報であっても、あなたの予想に反するものは見落としかねないということです。

このセクションの内容を参考にして、あなたの過去や性格が意思決定にどう影響するか検証してみてください。それからその問題から一歩離れて、こう自問するのです。

- この問題について、私が気づいていないことはあるか？ だとしたら、誰ならそれを私に教えてくれそうか？
- この案件に対して、私はどんな先入観を抱いているだろうか？ 先入観をなくすにはどうすればいいか？
- 明らかなのに見落としていることはないか？

Section 5

他人に関する
意思決定モデル

Section 5　イントロダクション

　管理職は、新規採用や昇進などの重要な意思決定をたびたび行います。

　人を雇うことで生じる金銭的な影響は小さくはありません。採用された社員には、給料のほか、年金、税金、保険料、諸経費が発生します。さらに従業員一人ひとりが、組織の財務や労使関係に、よい影響・悪い影響を及ぼします。

　当然ながら、これらのコストは彼らの名前が従業員名簿にある限り発生し続けます。**間違った人材を雇ってしまうと、非常に高くつく**のです。

　さらに言えば、あなたの意思決定は、「採用すれば終わり」というものではありません。次は彼らを管理しなければならないからです。

　奇妙なことですが、管理職がスタッフの管理について考えるときは、「意思決定」という視点ではあまり見ません。ですがスタッフとの関わりを、一連の複雑な意思決定と捉えることはできます。たとえばスタッフがあなたのところに来るときは、どんな目的で来ますか？　「どうしたらいいか決めてほしい」とか「この決定で間違っていないですか？」といった意思決定にまつわることではありませんか。

　同様に、管理職はスタッフの目標や目的を決めるだけではなく、スタッフをどう管理し、どう団結させ、どうやる気を起こさせ、どうモニタリングするかも決めなければなりません。

　管理職がこれらの仕事を意思決定だと意識しないのは、無意識のレベルで判断することが多いからです（→モデル8）。おまけに管理職

がスタッフやその処置について考えることは滅多にありません（誰かが大きなミスをしたときぐらいです）。これら無意識に決めている事柄をもっと意識することは、あなたやスタッフ、さらには組織に根づいている考え方、信念、社会規範に疑問を抱くきっかけになるかもしれません。

MODEL 33 マネジメントスタイルの選び方

→ 自分のマネジメントスタイルを知り、状況に応じてそれを変えられる
　ようにしたいときに

　管理職にとって最も重要な意思決定は、どんなマネジメントスタイルにするかを決めることでしょう。しかし、このことを深く考えない管理職が多いのが現状です。彼らはむしろ、有能な管理職のやり方をまねようとします。**卓越した手腕を発揮するには、自分のスタイルを確立しなければならない**ことに気づかないのです。

　ダグラス・マクレガーは『企業の人間的側面』（産能大学出版部）を執筆して、経営手法に革命を起こしました。彼は経営者を大ざっぱに以下の2種類に分けました。他の例と同様、マクレガーのステレオタイプも経営者の複雑な現実を反映していません。しかし自分のスタイルを確立するには、これは恰好の出発点となるでしょう。

- **X理論の管理職はこう考える**
　スタッフは信頼できない怠け者で、仕事を嫌い、隙あらばさぼろうとする。彼らは穏やかな生活を好み、責任逃れをしたがり、野心はなく、仕事が安定していればいいのだ。このようなスタッフを働かせるには、彼らの行動を常に監視し、処罰するぞと脅さなければならない。この考え方の管理者は、命令と支配によるマネジメントスタイルを取る。

- **Y理論の管理職はこう考える**
　スタッフは本来クリエイティブで想像力に富み、難しい仕事をやり遂げることに喜びを見出す。彼らは積極的で、質の高い仕

事をしたがり、自分の力を試す機会を求め、責任を持ちたがる。生産性を上げるには、スタッフが成功できる環境を整え、できるだけ自主性を認めることが一番効果的だ。この理論では、スタッフをコントロールしようとは考えない。自由裁量の範囲を明確に定めた上で、スタッフに自由に動いてもらおうとする。だからと言って、管理者にはスタッフに命令する権限はいらないと説いているわけではない。

このモデルを実践するには

上記の定義をもう一度読みましょう。あなたの考えを100%として、各理論への共感度を評価してください。2つの合計点が100%になるよう、計算してください。正解はありません。あなたが共感できるほうの理論に、先に点数をつけましょう。

X理論を実践したい人は、スタッフに自主性や権限をあまり与えず、ほとんどの意思決定に口出しすることになります。あなたの仕事量は増えるでしょう。このやり方がいいと思いますか？

Y理論を実践したい人は、権限を大幅に委譲し、スタッフには自分で判断してもらい、問題が生じたときだけ相談に来るよう指示することになります。善良なスタッフなら問題ありませんが、信頼できないスタッフはどうしますか？　このようなスタッフをどう扱いますか？

この理論は、人間を2つの異なる視点から捉えます。人間観を変えるのは簡単ではありません。しかし自分の基本的なマネジメントスタイルを知っておくと、状況に合わせてスタイルを変えることができます。たとえばX理論の管理職なら、「信頼できる人」にはもっと権限を委譲できます。Y理論の管理職なら、危機的な状況に陥ったときはもっと支配的な管理体制が敷けるでしょう。

Section 5　他人に関する意思決定モデル　133

いかなる方向性であれ、やり方を突然変えると生産性に影響します。スタッフは一貫性のある管理職は慕いますが、突拍子のない行動を取る管理職は信用しないからです。ですからX理論かY理論かどちらを支持するにせよ、次のやり方をお勧めします。

仕事に関する重要な領域と基本的な領域——仕事で求められるクオリティ、期日の厳守、手順を遵守すること、個人レベルの主体性のあり方、行動規範など——はすべて明確なルールを定めます。こうした基本的なルールは必ず守り、実践すること。

これら重要な原則を守る仕組みをある程度整えたら、他の件についてはゆるくしてもかまいません。とはいえ、何が起きるかわかりませんし、すべてに対処できるとも限りません。よりよい管理職になるには、スタッフの知識も活用しましょう。

考えてみよう

- あなたが自分のマネジメントスタイルを確立する際には、どの出来事が影響したと思うか？
- 生産性を上げ、スタッフとの関係をよりよくするには、マネジメントスタイルをどう変えたらいいか？

優れた意思決定

市場調査の結果、1日24時間、世界にニュースを配信するニュース専門チャンネルへの需要はないことがわかった。しかし1980年代に、テッド・ターナーはCNNを創業した。ちょうどそのころ、世界中で衛星放送が立ち上げられており、ターナーは絶好のタイミングで創業したのだった。

MODEL 34

管理職かリーダーの
どちらを目指すか？

→管理職かリーダーか、どちらになりたいかを決めたいときに

あなたがなりたいのは、リーダーですか？　マネージャーですか？

近年、公共部門でも民間部門でも、リーダーシップは組織に改善を促すともてはやされています。しかし、誰もがリーダーの役割に向いているわけではありません。あなたもキャリアで何を追求したいかを慎重に考える必要があります。**リーダーになろうとして失敗し、みじめな思いをするよりも、業績のよい幸せな管理職になるほうがいい**と思いませんか。

管理職とリーダーの特徴をそれぞれ次ページの表にまとめました。リーダーと思われたい人、またはリーダーの資質があると思われたい人は、右欄の活動を心がけましょう。

このモデルを実践するには

活動記録を調べて、あなたが先週やったタスクを調べてリストにまとめます。たとえばミーティング、スタッフとのやり取り、通常業務、単発の業務といった形です。そのタスクを分析して目的別に分類します。具体的には、「スタッフの指導」「問題解決」などの目的ごとにタスクを分けるのです。そして各目的につき、何時間費やしたか計算します。

表を参考にして、各タスクを「管理」と「リーダーシップ」のいずれかに分類します。たとえ仕事のほとんどが「管理」に分類されても心配はいりません。

また、各タスクについてどれだけ好きかを1〜10段階で評価しま

Section 5　他人に関する意思決定モデル　135

管理職が関わるのは……	リーダーが関わるのは……
現在	未来
計画	ビジョン
制度を維持する	全体像
現状を維持する	変化
フィードバックをする	インスピレーション
目標	結果
スタッフをモニタリングし監督する	忠実な部下を動かす
秩序をもたらす	部下に目的意識と方向性を与える
組織の文化を広める	組織の文化をつくる
物事を正しく行う	正しいことをする
組織の内外で物事に対処する	変化および変化の効果に対応する
秩序と調和を生み出す	変化と動きを生み出す
計画を立て、予算を組む	ビジョンを構築して、戦略を立てる
組織の構造とスタッフに目を配る	共通のビジョンか一連の目的の下で人々を団結させる
問題を解決する	事前に問題を察知し、その原因を一掃する
節約と効率	有効性
正しい方向性を維持する	新しい道筋をつくる

す（1点が「嫌い」、10点が「大好き」とする）。

　まずは自分の採点を分析しましょう。仮にあなたが「リーダーシップ」に分類されるタスクの多くを「嫌い」と判断したとします。にもかかわらずリーダーになりたい人は、なぜそう思うのですか？

　あなたはどうしてもリーダーになりたいとします。ここで学んだ教訓を活かして、管理職思考からリーダー思考に切り替えましょう。たとえば、1つの問題だけを解決するのではなく、「その問題は、組織に蔓延している大きな問題の一端ではないか」、「その問題の根元を絶つにはどうしたらいいか」を考えるのです。

　広い視野を持ってください。マネジメントの大家、チャールズ・ハンディが提唱した「ヘリコプター思考」を身につけるのです。あなたの仕事や部署の問題からさらに視点を上昇させ、組織全体の状況を俯瞰し、組織全体に影響する大きい問題を見つけます。大局的に組織を見ることができれば、あなたは「幹部の資質」を持った社員として人々の注目を集めることができるでしょう。

　日々の問題に取り組みつつ、チームが将来直面しそうな脅威やチャンスについてもじっくり考えましょう（→モデル51、52）。そしてそれが実際に起きる前に、対策を練るのです。

　また、プロセスが重要だと強調するのはやめましょう。よい結果を出すためにスタッフを刺激するのです。「行動は言葉よりも雄弁」と言うではありませんか。あなたが模範となって、みんなをリードするのです。

　マネジメントとリーダーシップのバランスが取れるようになるまで、8週間おきに状況をチェックしましょう。昇進すればするほど、マネジメントにかける時間が減って、リーダーシップに関わる活動が増えるでしょう。このことを覚えておいてください。

Section 5　他人に関する意思決定モデル　　137

考えてみよう

- あなたはリーダーになりたいか？ それとも管理職で満足か？
- もっとリーダーシップについて学び、リーダーシップスキルを磨く必要があるか？

悪い意思決定

1999〜2002年の間に、イギリスの財務相ゴードン・ブラウンは約400トンもの金準備を1オンス当たり275ドルで売却することを決断。だが、数年後には金価格は1オンス当たり1600ドル以上にまで上昇した。

MODEL 35

人事にまつわる決定基準

→新規採用や昇進など、人事に関する判断力をアップさせたいときに

　管理職として成功するか否かは、部下のクオリティにかかっているるといえます。優れたスタッフがいれば、平均的な管理職でも優秀に見えますが、愚鈍なスタッフだと優れた管理職も凡庸に見えてしまいます。

　心理テスト、面接、デモンストレーション、プレゼン、筆跡学、ときには占星術まで導入しているにもかかわらず、採用された人材は当たり外れが多いままです。しかもいまだに、面談（または集団面談）で候補者と会ってから2分以内に採用・不採用が決まります。

　これは本能的な反応なのでしょう。昔、私たちの祖先がジャングルで見知らぬ人間に会ったときに、わずか20秒で敵か味方かを判断していたころの名残かもしれません。敵だった場合、殺されかねなかったからです。

このモデルを実践するには

　基本的な方針は以下の通りです。

　できるだけ組織内の人材を昇進させましょう。管理職の目には、隣の芝生のほうが青く見えがちです。ですがそれは違います。どの組織にも、愚かな人材と優秀な人材が同じぐらいの割合でいます。両方の側面を持っている人もいます。また、社内から抜擢された人は組織をよく知っているため、他社出身の人よりも物事を習得するのも速くなります。

　できれば実績のある人、つまり次のような人を抜擢します。

Section 5　他人に関する意思決定モデル　139

①プライドを持っている人。自分を抜擢してくれた人、つまりあなたをがっかりさせまいと頑張って働きそうな人
②自発的で熱意があり、信頼できる人
③大局的な視点から物事を見られる人
④常識をわきまえている人。非常識な人は大勢いますし、常識がなければ優れた判断はできないからです

　外部の人を引き抜く場合は、実績のある人を選ぶこと。たとえパッとしない実績や他分野での実績だったとしても、「将来性のある人」よりも戦力になる可能性が高いからです。実績のある人は、熱心で自分の仕事にプライドを持ち、明るくて愛想がよく、魅力的な人が多いのです。
　なお、入社志望者がプレゼンするときや、デモンストレーションに参加するとき、管理職は無意識のうちに社内のスタッフに肩入れしないよう注意しましょう。

　また、面接で気をつけることは以下の通りです。
　どんなスキルと特徴を備えた人を採用したいかをきちんと把握しておきます。面接が始まる前に、他の面接官にも確認しておくこと。
　面接が始まったら、入社希望者をリラックスさせて友好的な関係を築きます。志望者がストレスにどう対処するかを見ようと威圧的な態度で臨んでも、志望者が圧迫面接を乗り切る様子しかわかりません。圧迫面接では、実社会での彼らの行動を推し量れません。
　基本的にはしゃべりすぎないこと。志望者に話をさせましょう。また相手がひと言で答えられるような質問や誘導尋問は避けます。一般的な質問と専門的な質問の両方を訊ね、さらに詳しく訊ねて相手の情報を集めていきます。

志望者が自分や過去の実績について語ったことは、何であれ、それを裏づける証拠を探しましょう。相手からあいまいな答えが返ってきたら、「つまり、○○ということですか？」などと訊ねて意味を明らかにすること。

沈黙を恐れないことも重要です。たいていの場合、志望者が質問に対していい答えが見つからないときに沈黙が生じます。相手が沈黙をどうするかを観察すると、相手のことがよくわかるかもしれません。相手は狼狽していますか？　それとも落ち着いた態度で考え、完璧でなくとも理性的に答えますか？

こちらから訊ねるだけではなく、志望者に質問するよう促しましょう。質問させることで、相手が面接のためにどれだけ準備してきたかがわかります。

人は「可能性」ではなく「実績」で選ぶこと。世の中は可能性を実現できずに終わる人であふれているからです。かくいう私だって、イングランドのウェスト・ブロムウィッチ・アルビオン（WBA）のプロサッカー選手になれたかもしれないのです（才能さえあれば）。

考えてみよう

- 第一印象で、どれだけ信頼できる人物だと思ったか？　その後の情報から、第一印象を覆してもいいと思えるか？
- 入社志望者の話を真に受けすぎていないだろうか？

優れた意思決定

1984年、アップルは、安くて安定したパソコンを生産する史上初の企業になることを決意した。その目標に向かって努力するうちに、iTunesやiPhoneといった「新しい産業」が誕生した。

Section 5　他人に関する意思決定モデル　141

MODEL 36

ゴーフィーとジョーンズの あなたがリーダーたる理由

→あなたをリーダーとして認める資格があるのはスタッフだけだと、
　自分に言い聞かせたいときに

ロバート・ゴーフィーとガレス・ジョーンズは、ある地位に任命された人には、リーダーシップを執る権利があるとの暗黙の了解があると指摘しました。しかし、そんなリーダーシップではうまくいきません。**リーダーの称号は、支持者たちが特定の人に授けるのであって、管理職がほしいと言って得られるものではない**からです。

ゴーフィーとジョーンズが考える、リーダーがすべきことは次のとおりです。

- 自分の弱点を検討した上で、その一部を支持者たちに見せる。これで、自分も他の人たちと同じように弱い人間なのだと示すことができる。
- 数値などのハードデータだけでなく直感や暗黙知（→モデル8）も駆使して、行動したり、判断したりする。
- スタッフには厳しくかつ共感的な姿勢で接する（→モデル21）。スタッフを気にかけつつも、自分の仕事に集中し、目標を達成し、組織にとって最善のことをする。
- 人とは違う一面を隠さない。風変わりな一面を堂々と見せる。

このモデルを実践するには

自分の弱点について考えてみましょう。仕事に支障のない弱点を2つか3つ選びます。たとえば会計士や弁護士が「全体は把握してい

るけど、細部はわからない」と言おうものならまずいことになります。その代わりに、他の人が補えそうなあなたの欠点を選び、その業務を誰かに任せるのです。これであなたの弱点とチームワーク重視の姿勢を皆に示すことができます。

また、弱点をさらすことが、人から強い人だと思われるきっかけになるかもしれません。たとえば、うまくできるようになるまで粘り強く続ければ、人々から評価されるでしょう。

まわりをよく観察し、ゴーフィーとジョーンズが言うところの「センサー」になりましょう。スタッフ・同僚・経営陣・顧客・その他の利害関係者との会話やミーティングなどを活用して、組織とその下で働く人たちに関する情報を集めましょう。

会話や電子メールから伝わってくる信号は敏感に察知し、どんな小さなものも見逃さないこと。相手の話とその言外の意味の両方に耳を傾けること。重要なテーマがあれば、リフレクティブジャーナルに記録しましょう。それがやがて貴重なリソースになるかもしれません。

人々の感情を理解しつつ、厳しくかつ共感的に対応しましょう。「あなたの気持ちはわかります」などと言わないこと。他人の気持ちはわかるはずがないからです。その代わりに、過去の出来事に照らし合わせて、彼らの現在の感情を推し量るのです。

たとえば「（仕事／今後のこと／変化があったこと）を心配しているんだね」などと話しかけます。それから、相手が望んでいることではなく、相手には何が必要かを基準にして判断を下しましょう。たとえば、ある人が昇進を望んでいたとします。しかしその人に必要なのは、次のレベルに進むことではなく、もう一年経験を積むことかもしれません。

一方で、あなたの強み、すなわちあなたを他よりも抜きん出た存在にする特徴は何ですか？　人は「自分のリーダーシップは特別だ」

Section 5　他人に関する意思決定モデル　143

「他のリーダーよりも優れている」と信じたがるものです。

　注意点を1つ。人と違いすぎて、支持者から浮いた存在にならないように注意しましょう。エイブラハム・リンカーンは多くの点で卓越した人物でしたが、庶民的な一面を持ち合わせ、卑猥なジョークが好きでした。

考えてみよう

- 仕事ではすべての答えを知っていなければならないと思っていないか？
- あなたが「わかりません。調べてからまた連絡します」と最後に言ったのはいつだろうか？

悪い意思決定

国際サッカー連盟（FIFA）は、2022年のワールドカップの開催地をカタールに決定した。しかし、国の規模、サッカー文化の浅さ、施設不足、開催期間を夏から冬に変えなければならないこと、セキュリティ対策を考えると、多くの人はおかしいと感じる。不正があったと疑われるのも無理はないのではないか？

MODEL 37 | 状況対応型リーダーシップ（SL理論）

→標準的な管理方法をどうすればいいか迷ったときに

　管理職はみな、「スタッフを管理する一番いい方法は何か？」と模索しています。もちろんいろんな方法がありますが、忙しい管理職には、ポール・ハーシーとケン・ブランチャードの「状況対応型リーダーシップ（SL理論）」が、シンプルで優れたマネジメントの教科書となるでしょう。

　ハーシーとブランチャードは、**誰かにタスクを任せるときは、相手にどの程度の「指導」と「支援」が必要かを見極める必要がある**と説きます。

　それらをまとめたのが下の表です。

仕事を委託したときの部下の管理方法	部下にどう対応するか
教示型	仕事のやり方をよく知らず、自信も足りない人には、きめ細かい指導ときめ細かい支援を行う。
指導型	自信はあるが、その仕事をやった経験が少ない人には、きめ細かい指導と軽い支援を行う。
支持型	仕事をそつなくこなす能力はあるが、自信がない人や、はじめての仕事で不安そうな人には、きめ細かい支援と軽い指導を行う。
委任型	技術も自信もある人には、軽い支援と軽い指導を行う。

「指導」とは、相手が仕事をこなせるようガイダンスを行うこと。実践的な指導です。また「支援」とは、相手に必要な安心感を与えること。たとえば自信のない部下には、励まして自信をつけさせることが必要になります。

部下の管理方法は、指導と支援の程度を変えて組み合わせれば4通りの戦略ができます。

管理職は、チームメンバーやスタッフに仕事を任せる際に、どの程度の支援と指導を行うのがいいかを決めなければなりません。

このモデルを実践するには

スタッフをよく知り、よく理解しているほうが、この理論を効果的に使えるでしょう。

たとえば、仕事を振るのにふさわしい人を選ぶとき。その人に仕事の内容を説明し、相手の反応を見て、その仕事をどう思っているかを推測します。「まず何から取りかかるつもりだい？」「この仕事で、一番不安に感じるのはどの部分？」など、具体的に質問していきます。

この相手とのやり取りを基に、①教示型、②指導型、③支持型、④委任型、のいずれか、相手に一番合った管理方法を選びます。

次に、仕事の期日を設定し、その仕事に求められる基準を具体的に説明します。たとえ期日までに仕事を終わらせても、お粗末なクオリティでは意味がないからです（→モデル67）。

1カ月以上かかる仕事の場合は、早い段階でミーティングを開いて進捗をチェックします。ミーティングの結果によっては、2回目のミーティングも検討しましょう。

「いつでも相談に来なさい。ミーティングまで待つ必要はないから」と言って相手を安心させましょう。

人間は仕事を一段一段習得していくわけではありません。新しい仕事／タスクを任せるたびに、管理方法を見直しましょう。人間は成長するとともに、自信と能力も身につくからです。

　とはいえ一番手っ取り早い方法は、優秀な人材を採用してきちんと訓練し、「全力で働いて難しい課題にも取り組みなさい」と励ますことです（→モデル35）。

考えてみよう

- スタッフのことをどこまで理解しているか？
- 仕事を任せるときに、仕事の内容をきちんと説明しているだろうか？

優れた意思決定

007シリーズの著者イアン・フレミングは、ジェームズ・ボンド役にケリー・グラントを推したが、映画プロデューサーのアルバート・ブロッコリは、それを無視して、無名俳優だったショーン・コネリーを抜擢した。

MODEL 38 | 上司はどうやって部下をダメにするか

→初期段階で従業員の能力を見誤らないよう注意したいときに

　管理職は常にスタッフを評価したり、判断したりしています。一度こうだと判断すると、その考えは簡単には変わりません。

　ジャン＝フランソワ・マンゾーニとジャン＝ルイ・バルスーのモデルを見ると、**管理職はいとも簡単に自分の首を絞めたり、会社に貢献しようとする従業員の芽を摘んだりしてしまう**ことがわかります。この理論を学ぶと、いろんな意味で、次の項で紹介する「リーダー・メンバー交換理論（LMX理論）」の使い方を間違うとどうなるかがわかります。

　管理職が従業員に先入観を抱く理由は次のようなものです。

- 好き／嫌いといった個人的な感情
- 従業員が入社早々ミスをする
- 従業員のモチベーション、知性、社会性、労働観、能力などのレベルが低いと感じる
- 前の上司や現同僚たちの意見、または知り合って間もないころの従業員との会話から抱いた印象

　これらの印象から、その従業員を「外集団」（社会学用語で、よそ者と感じられる集団のこと）扱いするようになります。

　管理職が「外集団」のレッテルを貼った従業員にしがちなことは次のとおりです。

- 無意識のうちに、第一印象を裏づける証拠ばかりを集める
- その先入観が間違っていることを示す情報があっても、無視してしまう
- 「外集団」のスタッフを厳しく指導してしっかり監視する。かくしてその従業員は、「内集団」（所属意識を抱いている集団のこと）のメンバーほど主体的に動けず、信頼や敬意も得にくい
- 「外集団」のメンバーには、ルールや規定を強調し、ネガティブなフィードバックを与えがちになる

このモデルを実践するには

　新入社員や配属されたばかりの社員の能力を、早計に判断しないこと。職場になじんで、仕事を覚えるまで待ちましょう。

　状況対応型リーダーシップ（SL理論）（→モデル37）を実践しましょう。これは、①相手を知るため、そして、②新しい仕事に就いたばかりのスタッフに適切な支援と指導を行うためです。

「ハードデータ」と「ソフトデータ」を利用して、従業員が本当に役に立たない人材なのかどうかを判断しましょう（→モデル3）。たとえば、その人は自分の目標を達成していますか？　その人についてクレームする人がいましたか？　家族と離れて暮らしているなど、一時的に家族問題を抱えていませんか？

　あなたの中でその従業員が「外集団」として定着している場合は、その状況を変えるようにしましょう。

- 中立的な立場でミーティングを行います。フィードバックに関する理論（→モデル19、41）を参考にして従業員と話し合い、相手の働き方について改善すべき点があれば、それを二人で確認

Section 5　他人に関する意思決定モデル　149

し合います。

- 問題を解決したいということ、取り決めを守れなくても処罰されないことをはっきり伝えましょう。
- 「あなたのために私にできることはありますか？」と訊ねましょう。親しみやすい態度で接するだけで大きく変わるものです。
- その従業員の弱点を克服（または改善）させるにはどうしたらよいか、2人で検討します。場合によってはOJT（日常業務を通じた従業員教育のこと）や正式な研修プログラムを行います。
- 研修前の段階で求められる基準と、配属後に何を期待されているかを具体的に話して、相手に認識してもらいます。
- 定期的にフィードバックすることを従業員に伝える。従業員がよいパフォーマンスをしたら、見逃さないこと。公の場でほめるチャンスです。
- 彼らの進歩を確認するために、次のミーティングも設定しましょう。「必要なときはいつでも相談に乗る」ときちんと相手に伝えること。

考えてみよう

- あなたがその人を嫌うのは、脅威に感じているからではないか？
- あなたが過剰に反応するのは、その人に惹かれているからではないか？

悪い意思決定

J・K・ローリングの『ハリー・ポッターと賢者の石』は出版が決まる前に、12社もの他の出版社から断られていた。

MODEL 39 スタッフと団結する方法

→スタッフ全員と強固なチームワークをつくりたいときに

前項で、マンゾーニとバルスーはスタッフを「内集団」と「外集団」に区別することをデメリットとして捉えましたが、ダンザロー、グラーエン、ヘイガは、「安全策を取ること」を条件に、こうした区別を理想的だと考えました。

彼らは、**管理職とスタッフが双方ともにメリットのある関係を築く方法**の1つとして、「リーダー・メンバー交換理論（LMX理論）」を提唱しました。

まず双方の関係は、下の図のように3つに分かれます。

部下を「だめなヤツ」に分類する危険を避けるために、次のような3段階のプロセスを踏みましょう。

- 第1段階：他人レベル：出会って間もないころの管理職とスタッフの関係は、よくありがちな経営者と従業員の関係と同じだ。従業員は与えられた仕事をこなし、求められる基準をクリアしようと働く。
- 第2段階：知人レベル：従業員が優れた能力を発揮し、自分の役割以上の仕事も熱心にやると、管理職は将来有望な人材として見るようになる。この段階は、従業員が「内集団」のメンバーになる資質があるかを見極めるテスト段階となる。
- 第3段階：パートナーレベル：管理職は、一度相手を仕事熱心で有能で誠実な人だと確信すると、その人を「内集団」と見なすようになる。その結果従業員は、管理職に話しかけやすくなり、意見を取り入れてもらったり、面白い仕事を任されたり、研修を受けたり、昇進しやすくなったりする。

　リーダー・メンバー交換理論を応用すると、有能かつ柔軟で強いチームをつくることができます。さらにこのチームはパフォーマンスを向上させ、周囲にもよい刺激を与えてくれます。

このモデルを実践するには

　リーダー・メンバー交換理論を試す場合は、スタッフ全員に平等に「内集団」に入る資格を与えましょう。このグループに入る資格がない人も、雇用形態にのっとって同等に扱うこと。

　この演習をやる前に、「スタッフに一生懸命働いてやる気と誠意を示してもらう代わりに、あなたが彼らにできること」は何かを考えましょう。それは従業員たちにとって価値あるものでなければなりません。たとえば、意思決定の際に彼らの意見を聞くとか、彼らの

意見を議論する機会を増やすなどです。

　この演習をやると決めても、それを公には公表しないこと。スタッフが不安になるからです。その代わりに、「努力を惜しまないスタッフにはメリットがある」ということを行動で示すのです。

　すでに心の中で「内集団」のメンバーが決まっているかもしれません。その人たちを「内集団」の初期メンバーにして、さらにメンバーの拡大を図りましょう。

　他のスタッフは、「内集団」のメリットを見て、自分も加わりたいと思うかもしれません。仕事関係の輪に入りたいことを勤務態度で示す人を受け入れ、他の人には輪に入るための条件をはっきりと説明しましょう。「内集団」に入るためのチャンスを全員に平等に与えることも重要です。

　なお、この場合、ずさんでクオリティの低い仕事をする人を拒否しても、不公平にはなりません。

考えてみよう

- 「外集団」を不公平に扱わないために、どんな対策を講じるつもりか？
- 「内集団」に入るための要件はわかりやすいだろうか？

優れた意思決定

コンピューター用の半導体メーカーのインテルは、1991年に製品に「Intel Inside」というロゴをつけることを決定。このブランド戦略は功を奏し、インテルは他社との競争で優位に立った。

Section 5　他人に関する意思決定モデル　153

MODEL 40 ハーズバーグの 動機づけ一衛生理論

→従業員のやる気を引き出すために、
　最も効果的な動機づけを見つけたいときに

　スタッフを動機づけするのも管理職の仕事です。やる気のないスタッフはあまり生産的ではありませんが、やる気のあるスタッフはすばらしい成果をもたらすからです。動機づけ戦略はいくつかあるので、どれかを採用しましょう。

　フレデリック・ハーズバーグの「動機づけ一衛生理論」は、何度も効果を上げているため高く評価されています。ハーズバーグは、図のように動機づけとなる要因を2つに分類しました。

動機づけ要因	衛生要因
認められること、達成感、昇進、やりがいのある仕事、責任 従業員は（^_^）	給料、会社の方針、作業環境、身分、安心感 従業員は（-_-）か（｀ε´）と感じる

　「動機づけ要因」は満足感を生み出します。「衛生要因」はスタッフにやる気を起こさせませんが、許容レベル以下になると、不満をもたらす可能性があります。

このモデルを実践するには

まずはあなたの動機を見つけましょう。あなたの動機リストはハーズバーグのリストと重なりますか？　ほとんどの人にとっては、給料や労働条件は動機づけとはなりません。

次に、部下の仕事を1人ずつ確認しましょう。面白みのない仕事はチームで分担すること。退屈な仕事を不運な従業員1人に押しつけてはいけません。

全員に必要なリソースを与え、効率よく働けるよう研修を行いましょう。やりやすく仕事ができるよう、必要に応じて部下に主導権を与えます。それから、期日までに一定以上のレベルで仕事を完了させる責任があることを意識させましょう。

各スタッフとは、難しいながらも現実的な期日を決めましょう。誰かが何かを達成したら、それを公の場で発表すること。みんなの前で「ありがとう」と伝えるだけでも、スタッフの士気と生産性は格段にアップします（→モデル67）。

全スタッフには昇進と自己啓発の機会を与え、できるだけ組織内の人材を昇進させるようにすることも重要です。

また、スタッフとできるだけコミュニケーションを図り、彼らからよい意見や提案があれば、積極的に採用しましょう。提案した人をきちんと評価してあげることも忘れてはいけません。

給料と労働環境は動機づけにはならないものの、一定のレベルを満たさないと、スタッフはやる気を失います。他の部署のスタッフがいくらもらっているかを調べるとともに、競合他社の給料も調べましょう。さもないと離職率が上がり、それに伴ってさまざまな問題が生じるでしょう。

このモデルは、スタッフに「やさしく」せよと言うだけではありません。ときにはきちんと叱りつけることで、相手のやる気に火が

Section 5　他人に関する意思決定モデル　155

つくことがあります。相手が「あの野郎に目に物見せてくれよう」と奮い立つこともあるのです。

考えてみよう

- あなたの経験から、どうすればスタッフのやる気をアップさせられるだろうか？
- あなたが最後にチームかスタッフを公の場でほめたのはいつだろうか？

悪い意思決定

メキシコ湾原油流出事故が起きたとき、ブリティッシュ・ペトロリアム（BP）は最初、事故の影響は大したことはないと発表したが、それは広報戦略としては大失敗だった。

MODEL
41 サンドイッチ・フィードバック

→従業員の仕事ぶりについて批判しなければならないときに

　スタッフにネガティブなフィードバックを与えるのは、管理職にとって気の重い仕事の1つです。しかし、「タイミングと場所と伝え方」を間違えなければ、精神的な負担をずっと軽くすることができます。

　ここで説明するモデルは教育の場でよく使われている手法です。教育現場では**「シットサンドイッチ」（シットには「やっかいな話題」という意味がある。つまり、厄介な問題を2つのポジティブな話題ではさむこと）**という愛称で呼ばれています。サンドイッチ・フィードバックは次の3段階から成っています。

- 第1段階：最初にポジティブな話をする
- 第2段階：前向きな口調でネガティブなフィードバックをする（→モデル19）
- 第3段階：ポジティブな話題で締めくくる

　この方法は、あらゆるフィードバックに使えます——たとえば時間管理がなってない、遅刻が多い、仕事のパフォーマンスが悪い、二日酔いのまま出社するなど。

　フィードバックは、正しく使えばスタッフを教育するのにとても役立ちます。おまけに、わずかなガイドラインに従うだけで、ストレスフリーで簡単に伝えることができます——少なくともあなたの側は。

Section 5　他人に関する意思決定モデル　157

このモデルを実践するには

　この説明は、モデル19の説明とあわせて読みましょう。

　誰かが何かよいことをしているのに気づいたら、できれば人前で「よくやった」とほめましょう。その効果の大きさに目を見張るかもしれません。他方で誰かがケアレスミスをしているのに気づいたら、小声で話しかけましょう。

　重要な問題の場合は、できるだけ早くきちんとしたミーティングを設定しましょう。皆の頭の中でその出来事（または問題）の記憶が新しいうちにミーティングを開くこと。

　とはいえ、あなたが怒っているときや感情的なうちは、ミーティングを控えましょう。開催を少し遅らせると、怒りや感情が少しは収まるかもしれません。おまけに、その間に、これから相手とどう接するかをじっくり考えることができます。

　ミーティングはできるだけ邪魔が入らない場所で2人きりで行い、中立的な立場で話すことが大事。また、相手の人格を批判しないこと。その人の行動だけを批判するのです。感情的にならずに話し合いをするには、問題から個人的な感情を切り離しましょう。

　あなたとしても、相手が挫折感を抱いたまま部屋を出て行くことは望んでいないでしょう。相手には「もっとうまくできるはず」と確信しながら帰ってほしいところ。ですから、最初にポジティブな話をしましょう。それから肝心な話をして、最後にもう一度、前とは違うポジティブな話をするのです。

　本論であるネガティブな話をするときは、相手の行動や振る舞いについて、あなたが不安を抱いていることをきちんと説明しましょう。必要なら率直に話してもかまいません。

　また、わからないことはすべてクリアにしてからミーティングを終えること。「質問はないか？」と相手に訊ねましょう。議論や口論

にならないよう注意し、ただ相手の話に耳を傾けましょう。

相手が、たとえば「それは事実とは違う」などと反論してきたら、必要に応じて相手の話を聞きましょう。といっても、自分勝手な態度であなたの感情に訴えてきたり、言い訳したりした場合は、相手にしないこと。

フィードバックについては「行動を改善させるにはこうしてはどうか」と段階的なプロセスをわかりやすく提案しましょう。相手がやると言ったことをメモして、「行動計画を立てて24時間以内に提出してください」と伝えます。

最後に、行動が改善しなかったらどうなるかを説明して、ミーティングを終わらせます。必要であれば、次のミーティングを設定して、相手が計画どおりに進歩しているかを話し合いましょう。

考えてみよう

- チームの各メンバーに最後にフィードバックをしたのはいつだろうか?
- きちんとした研修でフィードバックの仕方を学んだことはあるか?

優れた意思決定

1948年ポラロイド社は、今後の製造費用を捻出するため、小規模生産したインスタマチックカメラを従来のカメラの約33倍の価格で発売することを決断。このカメラの独特な性能は顧客に受けるはずだという彼らの信念は報われ、カメラは飛ぶように売れた。

Section 5　他人に関する意思決定モデル　159

MODEL 42 役に立つチームと役に立たないチームの特徴

→あなたのチームの能力を評価したいときに

　管理職は、チームの協力の下に目標や目的を達成します。メンバーの能力を最大限引き出すには、**チームの管理方法**を決めなければなりません。ダグラス・マクレガーは、「役に立つチーム」と「役に立たないチーム」の特徴を以下のようにまとめました。

役に立つチーム	役に立たないチーム
形式張らないリラックスした環境があり、全員でチームを引っ張ろうとする	管理職によってコントロールされ、スタッフは自由に自分の仕事を管理できない
全員で定期的に問題について話し合う	自分の仕事に興味がなく、うんざりしている
目標をきちんと把握し、その目標を達成するために全力を尽くす	目標と目的が明確に決まっていない
同僚の意見を聞き、きちんとコミュニケーションを取る	1、2人のリーダー格の意見で物事が決まる
メンバー間で衝突が起きた場合、外部の干渉がなくても、チーム内で解決できる	チームメンバーもその発言も尊重されない
意思決定を下すときは、まずは皆の同意を求めようとする	意思決定を行う際には、皆の同意を取り付けずに、多数決で決める
メンバーが自分の気持ちを素直に語り、アイデアや意見も積極的に言う	みんなに気持ちを伝えることは歓迎されない。他のメンバーを批判したり、衝突したりすることは避けなければならない
自分のパフォーマンスや行動をたびたび振り返って反省する	チームの仕事ぶりについて議論してはいけない

このモデルを実践するには

　チームの行動を逐一管理しないこと。彼らのやる気が削がれるからです（→モデル40）。スタッフは大人ですし、自分の判断で仕事を進めたいと思っているはず。スタッフと話し合って自由裁量の範囲を決め、彼らに自由にやらせましょう。あなたがあっと驚くことを考え出すかもしれません。

　人間は、面白くて有意義だと思える仕事には意欲的に取り組みます（→モデル40）。メンバーたちに、彼らの仕事がいかにチーム全体の生産性に貢献しているかや、彼らが質の高い仕事をしないとチーム全体の効率に大きく影響することを伝えましょう。

　どのチームにも、やらなければならない退屈なタスクがあります。以前の項でも述べたように、つまらない仕事をすべて1人に押しつけないこと。みんなで共有し、あなたもいくつか引き受けましょう。

　チームに関わる決定は、挙手によって採決したり、スタッフに相談せずに物事を決めたりするのではなく、「みんなの同意を取り付けてから決定を下したいのだ」と態度で示しましょう。

　また、メンバーとの毎日のやり取り、チームミーティング、個人との話し合いを通して、チームがどう感じているか、何をしているかを観察します。問題が見つかったら、解決に向けて取り組みましょう。

　チームとそのメンバー全員の合意の下で目標と目的を定めたら、それをきちんと共有すること。それからどんなミスも見逃さずに対処できるよう、きちんとしたモニタリングシステムを導入しましょう（→モデル67）。

　チームミーティングでは、あなたが進行をコントロールしないこと。スタッフに話をさせましょう。「全員に発言してほしい」と訴え、「全員の意見は尊重されなければならない」とはっきり伝えます。ま

た、個人とチームがどれだけ貢献しているかを説明し、スタッフを
励ましましょう。

考えてみよう

- 問題はあなたではないか？　あなたはチームを支配していない
  だろうか？
- チームに不安や不満をまき起こす人はいないか？　その人をど
  うするつもりか？

悪い意思決定
FBI初代長官J・エドガー・フーヴァーは、アメリカにはマフィア
など存在しないと長年主張し続けたために、アメリカでは組織犯
罪への対応に支障が出た。

MODEL 43 ルイスの「4つの約束」

→人生のどんなときも誠実に行動し続けるための指標がほしいときに

　誠実とは、民主主義、美、愛などの言葉と同じように、表現しにくいですし、それが実行されるのを見てもすぐにそれと気づきにくいものです。『四つの約束』（コスモスライブラリー）の著者、ドン・ミゲル・ルイス博士は、自分の価値観に従って誠実に生きる方法を、シンプルに提案しました。もっとも、シンプルな哲学にありがちなことに、実践するのは決して容易ではありません。

　ルイスは、自分自身と次の4つの約束を交わしなさいと勧めます。

> ①正しい言葉を使うこと
> ②何事も個人的に受け取らないこと
> ③思い込みをしないこと
> ④常にベストを尽くすこと

　私が言ったとおり、シンプルでしょう？　さて、ここからが本題です。

このモデルを実践するには

①正しい言葉を使うこと：本音で語り、語ったとおりに行動しましょう。何を言うか慎重に考え、できるだけ明確にそれを伝えること。できるだけ誤解されないようにすること。他人や自分を批判してはいけません。ポジティブに話し、ポジティブになれないときは黙っていればいいのです。昔、ある株式仲買人が

Section 5　他人に関する意思決定モデル　163

「口にした約束は証書と同じ」という言葉をモットーにしていました（1980年代の金融ビッグバンより前の話です）。このモットーを肝に銘じて、言ったことは必ず守りましょう。

②何事も個人的に受け取らないこと：誰もが独自のリアリティを築き、その中で他人の話を解釈したり、過去の体験や個人的な考えに従って行動したりします。あなたには、他人の考えや感情はコントロールできません。ですから他人が何を言ったとか、何をやったと心配するのはやめましょう。それよりも高い視点で物を考え、心を穏やかに保つのです。

③思い込みをしないこと：誰とでもはっきりした言葉でコミュニケーションを取りましょう。必要なら、「もっとはっきり言ってください」と頼みましょう。あなたが話した言葉を、相手が正しく理解していることを確認しましょう。何かをお願いするときは、あなたの望みをはっきり伝えること。××がほしいことをあいまいに伝えて、相手がわかってくれると期待してはいけません。「××がほしい」と率直に伝えるのです。

④常にベストを尽くすこと：毎日100％のベストコンディションを保つことはできません。しかしベストは尽くせます。75％しか調子が上がらない日があっても、それがベストを尽くした結果なら、あなたはベストなものを完成させたのです。ベストを尽くしたのであれば、自分を批判する理由も、「××をやっておけば……」と悔やむこともありません。ですから自分にも他人にも、できそうにない目標を設定するのはやめましょう。

4つの約束から1つを選び、丸1日、それを守り続けてください。実行するのは並たいていではないことがわかるでしょう。このモデルは今日から試せますが、ほぼ完璧にマスターするには一生練習しなければならないかもしれません。それでもかまいません。重要なの

は「ベストを尽くすこと」だからです。

　一貫性があって行動を予測しやすい管理職やリーダーには、人々は好意的に対応します。あなたが4つの約束を実践したら、人々はすぐにあなたを「信頼できて頼りがいがある人だ」「自分の利益や出世のために裏切ったりしない人だ」と見抜くでしょう。

考えてみよう

- 状況が悪くなったとき、あなたが最初に心配するのは誰ですか。スタッフ？　それとも自分？
- 次の出来事を思い出せますか？　──①不誠実な行動を取ったときのこと、②不誠実な行動を取るのを拒否したときのこと。①と②のとき、あなたはそれぞれどう感じましたか？

優れた意思決定

1990年代半ば、デル（旧デルコンピュータ）のCEOマイケル・デルは、顧客の注文に応じてパソコンを組み立て、直接顧客に出荷する方法（BOT）を採用することを決断。これによりパソコン販売に革命が起きると共に、デルはまたたく間に成長した。

Section 5　他人に関する意思決定モデル　　165

Section 5 結論

ファースト11

　ハーシーとブランチャードの「状況対応型リーダーシップ（SL理論）」（→モデル37）は、世界で最も人気があるマネジメント＆リーダーシップ理論の1つです。これを実践すれば、すぐにスタッフを簡単に管理できるだけでなく、部下に仕事を任せて、その進捗をモニタリングするプロセスも根づくでしょう。

　どの管理職も時間に追われています。**しかしSL理論を実践すれば、意思決定などの重要な仕事にもっと時間を割けるようになります**。さらに、部下に仕事を任せるたびに、どの程度の支援と指導が必要かを判断しなければならないため、人の長所や能力を見抜く力も磨かれるでしょう。

部下の強い支持を得る

　モデル36は「なぜ、あなたがリーダーなのか？」と問いかけます。管理職になったとき、またはそれ以上の役職に昇進したとき、あなたはその地位ならではの権力を手に入れます。基本的にあなたは部下に命令することができます。部下が命令どおりにすれば、あなたは彼らに報いる権限があるし、命令に従わない部下には、罰を与える権限があります。

　しかし、そのどれもリーダーシップではありません。あなたが目指すべきなのは、部下に「あなたのために何かをしたい」と思わせること。つまり部下の強い支持を得ることです。ゴーフィーとジョーンズが提案したこのモデルは、管理職からリーダー（またはもっと

崇高なリーダー）になるための、貴重なアドバイスを提供してくれるでしょう。

　マンゾーニとバルスーは、管理職の早計な判断が、部下の芽を摘んでしまうと主張します（→モデル38）。管理職がスタッフの能力を過小評価すると、そのとおりに現実化しやすくなるのです。そのような事態は防がねばなりません。会って間もないころの一時的な印象で、スタッフを無能と見なす余裕などないからです。

　全員に平等にあなたの「内集団」に入るチャンスを与えましょう。リーダー・メンバー交換理論（→モデル39）を参考にして、数人の精鋭メンバーだけでなく、スタッフ全員と固い絆を結ぶことを目指してください。やる気に満ちあふれた、生産性の高いチームができるでしょう。

「動機づけ」は管理職の毎日の仕事

　スタッフの動機づけやフィードバックは重要な仕事なのに、忙しい管理職はとかく怠りがちです。毎日の業務として習慣化しましょう。部下の仕事ぶりをほめるにせよ、批判するにせよ、年度末の査定まで待っていては遅すぎます。フィードバックは、部下の仕事ぶりを見た後、なるべく早く伝えるほうが効果的です。

　サッカーの監督は、1週間のうち1日でも選手やチーム全体を刺激せずに過ごせるとは夢にも思わないでしょう。といっても、ウェスト・ブロムウィッチ・アルビオンFCを率いた歴代監督の中には、年に一度も選手を鼓舞しなかった監督もいたかもしれませんが。ある

Section 5　他人に関する意思決定モデル　　167

監督は、監督に就任して早々、一軍に、「できることなら、おまえたちの多くを前チーム^(トップチーム)のメンバーと交換したいぐらいだ」と言って鼓舞したそうです。

　プロジェクトチームをつくるための戦略はいくらでもあります。しかしそうした戦略は、「管理職にとって一番重要なチームは毎日一緒に働くチームだ」という事実を見落としがちです。マクレガーの理論（→モデル42）は実にシンプルです。彼が定義する「役に立つチーム」の特徴を備えたチームづくりを目指しましょう。それには何年もかけて人材を採用し、訓練する必要があるでしょう。同様に、「役に立たないチーム」を引き継いだ人は、自分のチームをつくる前に、1、2人ほど人員整理をしなければならないかもしれません。

　人づき合いや意思決定には、誠実さが欠かせません。あなたが決めたことをうまく実行に移すには、あなたに対する人々からの信頼が必要だからです。

　あなたが人々に誠実に接すれば、相手もそれに応えようとするものです。ルイスの「4つの約束」理論は、誠実に生きるためのごくシンプルな方法を提案してくれます。とはいえ、「4つの約束」を実践することは決して容易なことではありません。

Section 6

戦略と
マーケティングに
関する意思決定

Section 6　イントロダクション

　このセクションでは2種類のモデルを説明します。モデル44〜47
は、市場の隙間を見つける方法や製品のライフサイクルに関する話
です。モデル48〜50では、新しい市場の開拓、製造拠点の移転、ど
の製品に投資するか、どの製品を売却または製造中止にするかを判
断するときに、組織が直面する問題について考えます。

　これらに共通するのは、**どの問題も「組織の戦略」に大きく関わ
ること**です。

　戦略計画を立てることのメリットや、さまざまな戦略計画の立て
方を紹介することは、この本の目的ではありません。とはいえ、こ
のセクションで扱うモデルを考えると、戦略を策定するどの段階で、
どんな理論が使えるかを知っているほうが、読者の役に立つのでは
ないかと思います。そのため読者には、実践演習も兼ねて、簡単に
まとめた下記の戦略策定プロセスを参考にしていただきたいと思い
ます。

①まず、組織の事業を定義します。どんな事業を手がけています
　か？　目的は何ですか？　何年か前、ある有名なペンメーカー
　が、自分たちの仕事は「ペンを売ることではない。プレゼント
　を売ることだ」と決めました。その結果、会社の方向性は変わ
　り、戦略計画も大きく練り直されました。

②上記①の回答を土台にして、ミッションステートメント（経営
　理念を具体化・明文化したもの）を書きます。それを参考に企業の
　ビジョンを定義します。

③そのビジョンを実現するために、組織はどんな目的を掲げるべ
　きかを考えます。

④組織の目的を一連のSMARTゴールとタスク（→モデル67）に細分化します。

⑤SMARTゴールとタスクを達成するために、組織は何をすべきかを定義します（＝作戦）。

⑥ターゲットとタスクを達成するために、その責任を担う部署／個人を任命し、進捗をモニタリングします（→モデル67）。

⑦策定期間の最後に進捗を評価し、成功例と失敗例から学んだ教訓をまとめ、次の戦略計画に活かします。

　あなたの事業分野によっては、無関係そうに見えるモデルがいくつか見つかるかもしれません。だからといって切り捨てないでください。想定外のことが起きることがあるからです。

　私が知っている伝統的な家族経営のあるエンジニアリング会社は、インターネット販売をしたことがありませんでした。ところが、雑談の際にロングテール理論（→モデル45）を知った彼らは、すぐにインターネットショップを立ち上げて古い在庫を売ったところ、儲かる事業になりました。ですから、常に心を開いておくことです。

MODEL 44 | プロダクト・ライフサイクル理論

→あなただけでなく、あなたが売る製品にも寿命があるということを忘れないために

　セオドア・レビットが、「ハーバード・ビジネス・レビュー」に初めて4段階の「プロダクト（製品）・ライフサイクル理論」を発表したのは、1965年のことでした。

　下の図で「導入期」を「幼少期」に置き換えれば、人間がたどる成長過程と重なります。人間の成長を参考にして、この理論はつくり出されたのかもしれません。

　グラフの曲線は、商品によって違います。たとえば製品Aが成長して衰退するまでにかかる時間は、製品Bの寿命よりも短くなる、といった具合です。とはいえ、両方とも同じ4つの段階を経て成長します。

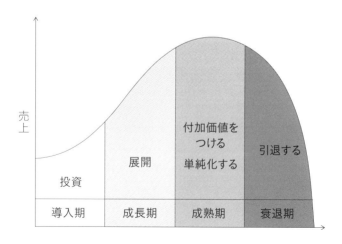

出典：『Marketing Imagination』Theodore Levitt

この理論のすばらしいところは、**製品の各段階で何をしたらいいのか、アドバイスをくれる**ところです。

このモデルを実践するには

- 導入する／初期段階：製品の開発に投資しましょう。製品を発表する前は、人々の関心を集めるために、新製品の公開戦略を立てます。この戦略で突出しているのがアップルです。在庫を十分に確保し、製品に問題が起きたらすぐに適切に対処できるよう体制を整えること。発売後のマーケティング計画と価格について確かめておきます。

- 展開する：製品の販売に集中しましょう。注文を受けたら、素早く配送するよう心がけます。あなたが最初に目をつけた主要な市場に売り込みます。宣伝して製品の認知度を高め、売上が予想以上に伸びたら、増産できるよう準備します。売上が予想に届かない場合は、緊急対策案を実行しましょう。

- 付加価値をつける：顧客やスタッフからのフィードバックを参考に、製品を改善し新機能を追加する方法を考えます。広告・宣伝を積極的に展開し、思いつく限りの販売拠点はすべて活用しましょう。

- 単純化する：「付加価値をつける段階」で使った戦略が効かなくなり、売上が横ばいになったら、製造コストを下げましょう。できるだけ利益を上げるために、製品の最適価格を検討します（→モデル60）。

- 引退する：衰退期になったら、製品を維持する価値があるか否かを判断します。売れ行きが悪くなってきたら、売却するか、製造中止にします。

Section 6　戦略とマーケティングに関する意思決定　　173

考えてみよう

- あなたが担当する製品は、プロダクト・ライフサイクルのどの段階にあるか？
- 組織の中に、プロダクト・ライフサイクルをモニタリングする担当者はいるか？

悪い意思決定

1980年代に中型車や小型車の需要が高まる中、ゼネラルモーターズは利幅が大きいからと大型車の製造を続けることを決断した。結果として、低燃費車への移行が遅れて販売台数は低下。2009年に経営破綻した。

MODEL 45 ロングテール理論

→大衆市場で需要がなくなった製品について、インターネット上で生き延びる道を模索したいときに

　ロングテール理論は、**売上に与えるインターネットの影響力をうまく活用しようという考え方**です。この理論を広めたのは、「WIRED（ワイアード）」誌の編集者クリス・アンダーソン。アンダーソンは、インターネットの普及によって、企業は販売戦略の見直しを迫られていると主張します。いまやアマゾンは200万冊もの本を扱っており、非常に難解な本ですら買い手が見つかります。オークションサイトのイーベイも同じ。以下にアンダーソンの理論を紹介します。

　パレートの法則は、「大衆市場の20％は、売上全体の80％を占めている。だからこの20％の市場にアピールする製品をつくって稼

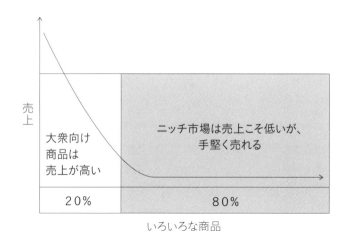

出典：『ロングテール――「売れない商品」を宝の山に変える新戦略』（クリス・アンダーソン）

なさい」と組織に提案します。従来型の小売店で製品を売っていたころなら、この方法も有効だったでしょう。しかしインターネット販売によって状況は変わったとアンダーソンは主張します。インターネットの小売業者は、わずかな諸経費をかけるだけで、ニッチ市場の要望に応えることができます。ニッチ市場では、商品はゆっくりとはいえ安定的に売れていきます。

さらにもう1つ明らかになった事実があります。「ニッチ製品」の売上総額が、いまや大衆市場の売上を超えていることです。このことから、小売市場は大衆市場向けの戦略から、100万人に1人のニッチ市場をターゲットとする戦略へとシフトしていることがわかります。

このモデルを実践するには

インターネット上でのあなたの組織の存在感をチェックします。ウェブサイトを「会社の情報を集めた、ただの貯蔵庫」にしたいですか？　それとも販売拠点の1つとして利用したいですか？

ウェブサイトの刷新方法についてお話しすることは、本書のテーマではありません。とはいえ、まずはIT担当者とミーティングを開くことをお勧めします。現状を確認し、会社が今後3年間でどの方向性を目指すのか、それを実現するためにIT担当者にどう協力してほしいのかを説明しましょう。

製品の各種類を分析して、大衆市場から消えた後も、「細々とではあるが長く売れそうな製品」がないかを検討します。消滅を免れそうな製品の例を挙げると、レコード盤、ポラロイドカメラ、それからビンテージものの車やオートバイの部品なども根強い人気があります。

古い製品を製造中止にするか、オンラインビジネスを立ち上げて

「細々と長生き」させるか、判断できるのはあなただけです。組織のイメージを気にして新規事業を宣伝しにくい場合は、オンライン上の企業名を変えましょう。

オンラインビジネスのメリットは、安く立ち上げられることです。それから、ある程度の売上に達するまで、新しい人材やリソースを確保せずに済む点です。

考えてみよう

- ウェブサイト／オンラインビジネスについて、誰と話し合う必要があるか？
- 3Dを始めとする組織にとって脅威となる新技術に、あなたたちはどう対抗しているか？（→モデル52）

優れた意思決定

マンチェスター・ユナイテッドの元監督アレックス・ファーガソンは、リーズ・ユナイテッドとの交渉の末にエリック・カントナをわずか100万ポンドで獲得。当時、扱いにくい選手だと思われていたカントナだったが、いまでは1990年代のマンチェスター・ユナイテッドの復活を支えた重要な選手だと言われている。

Section 6　戦略とマーケティングに関する意思決定　　177

MODEL 46 キャズム理論

→新しいアイデアや新製品を幅広い消費者に受け入れてもらうために、戦略を練るときに

エベレット・ロジャーズ教授は、1960年代前半に「イノベーター理論」を提唱して脚光を浴びました。ロジャーズの理論は、技術革新と新しいアイデアが、さまざまなコミュニケーションチャネルを通して時間をかけて普及し、幅広い人々に受け入れられるまでの過程を説明するものです。

ジェフリー・ムーアはロジャーズの理論を引き継いだ上で、下図のように**技術革新が普及するまでの間に溝（キャズム）という重大な通過点があり、この溝を跳び越えた製品だけが生き延びられる**と主張しました。

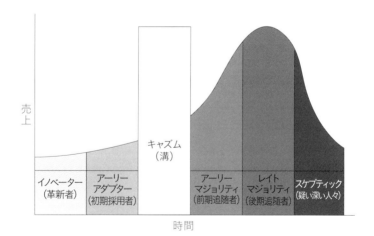

出典：『Crossing the Chasm (3rd ed.)』Geoffrey A. Moore

それぞれの要点は以下のとおりです。

- イノベーター（革新者）：経済的に余裕があり、リスクを恐れずに最新技術に投資できる。最新技術を導入することで、すでに高い社会的地位をさらに盤石にできる。
- アーリーアダプター（初期採用者）：流行の仕掛け人かつオピニオンリーダー。多くは高学歴で社会的な地位が高く、経済的にもかなり余裕がある。
- キャズム（溝）：製品がこのキャズムを越えてアーリーマジョリティに届かなければ、市場は縮小してなくなり、うまくいったとしても一時的な流行で終わる。
- アーリーマジョリティ（前期追随者）：社会的地位は高めだが、流行の仕掛け人ではない。イノベーターやアーリーアダプターに比べて、新技術を導入するまでにかなり時間がかかる。慎重派が多く可処分所得も低いが、必要な層である。
- レイトマジョリティ（後期追随者）：新しいイノベーションを採用するのが遅い人々。社会的地位は低めで、可処分所得もきわめて少ない。
- スケプティック（疑い深い人々）：最後に新技術を採用する人々。頑として採用しない場合もある。

このモデルを実践するには

この理論があてはまるのは、いままでなかった新製品だけです。車のモデルチェンジといった、従来の製品に大幅に改良を加えたものにはあてはまりません。

まずはイノベーターに働きかけます。マーケティング戦略は、一度に1グループに絞ること。1グループを取り込んだら、彼らを土台

にして次のグループを開拓しましょう（→モデル50）。

　イノベーターとアーリーアダプターは頻繁にインターネットをチェックするため、マーケティング活動の最初の段階では、ソーシャルメディアから幅広く情報を発信しましょう。

　宣伝は、このキャズムを越えてアーリーマジョリティに伝えることに注力します。予算もここに集中的に投入します。専門家のアドバイスも参考にしつつ、自分の直感にも従いましょう。製品をよく知っているあなたには、ターゲット顧客もほかの誰よりも見えているはずです。

　キャズムを超えるベストな方法は、消費者の願望を刺激することです。バンドワゴン効果（消費者が他人に遅れないよう物を購入する現象）を生み出せば、販売に勢いがついて、製品は新しいマストアイテムとなるでしょう。

　そして、成功に安住しないことです。

考えてみよう

- ■ ムーアの5分類の中で、あなたはどのグループにあてはまるだろうか？
- ■ あなたがそのグループにいることで、新技術に関する意思決定にどう影響しているか？──新技術を積極的に導入しているか？疑い深くてなかなか導入できないか？

悪い意思決定
1867年にアラスカをアメリカに売却して以降、ロシアは戦略的に不利な状況に立たされている。

MODEL 47 | ミルグラムの「6次の隔たり」

→マーケティングやブランディングにおける、ソーシャルメディアの影響力を知りたいときに

「服従実験」を行った社会心理学者スタンレー・ミルグラム（→モデル26）は、もっと平和的な実験もやっており、ある人を起点にして、その知り合い、さらにまたその知り合いと**2〜10人ほどたどっていくと、別の国に住む特定の人物にたどり着ける**ことを突き止めました。仲介する人の数は平均して5人。こうして生まれたのが6次の隔たり理論です（起点となる人物1人＋仲介役となる5人）。

ミルグラムの最初の調査には欠陥がありましたが、マイクロソフトがそのモデルが正しいことを実証しました。同社が、隔たりの平均は6.6人であることを突き止めたのです。

たとえば「私はほんの4ステップで複数の世界的なリーダーにつながっている」を検証してみましょう。

ステップ1		ステップ2	ステップ3	ステップ4
私 →	イギリスから来た枢機卿に会った →	枢機卿はローマ教皇と会ったことがある →	ローマ教皇は世界中のリーダーたちを知っている →	世界中のリーダーたちは互いを知っている

この本にはなぜパーティジョークが出てくるのか？　と首をかしげる読者もいるでしょう。でも、これはパーティジョークではありません。バイラル・マーケティング（口コミを利用して顧客の獲得を図るマーケティング手法）とソーシャル・ネットワークの威力についてお話ししたいのです。

Section 6　戦略とマーケティングに関する意思決定　181

このモデルを実践するには

「6次の隔たり」を試してみましょう。あなたはフェイスブックに何人友だちがいますか？　60人だとしましょう。その60人にもそれぞれ60人の友だちがいて、その友だちもさらに60人の友だちとつながっているとします。するとわずか4次の隔たりで、1300万人につながることができるのです。

　これだけの数が関係するのですから、あなたのキャリアに関してはもちろん、組織のPRや製品・サービスの宣伝にも、ソーシャルメディアは無視できない存在です。自分のために、必要であれば組織のためにも、ソーシャルメディア戦略を立てましょう。

　組織には、すでにソーシャルメディアに関する方針と戦略があるに違いありません。ある場合は、それを調べて、あなたにできることがないか考えましょう。

　組織にソーシャルメディア戦略がなく、あなたが戦略立案を引き受けるか、サポートできる立場にある場合は、この問題に関心のある社員と協力して戦略を練ります。

　自分自身または組織のためにソーシャルメディア戦略を立てるときは、ソーシャルメディアで目立つことでどうしたいのか、「目的」をはっきりさせましょう。はっきりした目的がないと、人目を引く独特な存在にはなりにくいでしょう。

　フェイスブック、リンクトイン、ツイッターなどの有名なサービスだけに絞らないこと。あなたの目的に合った新規のサイトやニッチなサービスもチェックしましょう。

　自分のウェブサイトをつくる場合は、プライベートなサイトとビジネス用のサイトを分けてつくりましょう。

考えてみよう

- あなたはソーシャルメディアを頻繁に使っているか？ それともほとんど使わないか？
- あなたのソーシャルメディア戦略にははっきりした目的があるか？

優れた意思決定

1980年代、ロックバンドのグレイトフル・デッドは、ファンにライブの撮影・録音をしてもいいと勧めた。その結果、彼らは顧客忠誠心を勝ち取り、グッズの売上も爆発的に伸びた。写真を撮ろうとするファンに公の場で恥をかかせる今日のパフォーマーは、この教訓を学ぶべきだ。

Section 6 戦略とマーケティングに関する意思決定 183

MODEL 48 | キムとモボルニュの ブルー・オーシャン戦略

→競争の激しい既存の市場から逃れて、新しい市場を開拓したいときに

W・チャン・キムとレネ・モボルニュによるこのモデルは、下の表のように市場をレッド・オーシャンとブルー・オーシャンに分け、それぞれの市場に合った戦略を勧めます。

ここで論じられる戦略は、あくまで理論上のものであって、実際に何をすべきかを教えてくれるわけではありません。とはいえ、**競合他社に対する組織の位置づけを考える上では、貴重なアイデア**となります。

ブルー・オーシャン戦略とはイノベーションを起こすことであり、組織がどんな市場に参入したいか積極的に考えることです。

レッド・オーシャン戦略	ブルー・オーシャン戦略
既存の市場で、ひたすら敵を負かす	競争のない新しい市場を探す
既存の需要をできるだけ大きくしようとする	新しい需要を考えてつくり出し、その市場性を高める
高付加価値と低コストは両立できないと考え、それに合わせた戦略を立てる	高付加価値と低コストは両立できると考える
ブルー・オーシャン戦略では、新技術がものをいうと考えている	製品の差別化と低コストを軸にし、それに社風・戦略・プロセス・企業活動を合わせる

このモデルを実践するには

　ブルー・オーシャン戦略を実行するのは容易ではありません。何をするかを段階的に定めた指針はないからです。創造力を発揮しましょう。案内役となる理論はわずかしかないのですから。

　組織のマネジメントチームまたはあなたは、以下について考えてみましょう。

- ■ 業界では聖域と見なされているものの、省くことができる要素は何か？
- ■ 業界の許容基準よりも下げたほうがよい要素は何か？
- ■ 業界の許容基準よりも上げたほうがよい要素は何か？
- ■ 業界初の製品で、顧客に提供できるものは何か？

　これらの問いを検討するときは、顧客価値を中心に議論を進め、競合他社の反応は気にしないこと。あなたがつくり出すブルー・オーシャンには、競争相手は存在しないからです（少なくとも最初は）。

　まずは、リスクを最小限に抑えられるブルー・オーシャンは何かを考えましょう。高リスクな分野には参入しないこと。これでプロジェクトが直面するリスクを減らせます。

　また、長期的な利益を期待できる、強いビジネスモデルをつくることに全力を注ぎましょう。ささいなことは考えないこと。全体を見渡すことに集中しましょう。また、既存の需要についてあれこれ考えないこと。ソニーがウォークマンを開発した当時、世の中にはそんな装置がほしいといった需要はありませんでした。

　モデル11と68を参考に、新しい戦略に難色を示す反対派や、組織内の問題に対処しましょう。また、戦略を実行に移す計画を立てます。新しいアプローチを使ってスタッフを刺激してやる気を引き出

Section 6　戦略とマーケティングに関する意思決定　185

し、彼らの専門的な知識を活用しましょう。

　ブルー・オーシャン戦略は、新技術だけが頼みの綱というわけではありません。既存の技術をまったく新しい方法で活用することでチャンスにつなげることもできます。新しい産業をつくる必要はありません。レッド・オーシャンにあるアイデアを別の環境にあてはめて、うまくいったケースもたくさんあります。

　つい最近、競合他社が成功したからといって、影響されてはいけません。ブルー・オーシャンをうまく開拓できれば、競争相手はいなくなります。

　なお、コストとキャッシュフローについては、できるだけこまかく管理することが大切です。

考えてみよう

- なぜブルー・オーシャンには競争相手がいないのか？
- 変革に対する組織の考え方はどうか？　あなたのアイデアを発表する前に、重要な利害関係者を味方につける必要があるか？

悪い意思決定

1979年、ビル・ゲイツは「マイクロソフト社に5000万ドルを出資してほしい」と億万長者のロス・ペローに頼んだが、ペローは出資を見送った。

MODEL 49

中核事業を海外移転させる方法

→戦略的な理由で、中核事業の大部分を海外に移転させたいときに

外部委託（アウトソース）と**海外生産**（オフショア）という用語は、しばしば混同されたり、同じ意味として使われたりします。外部委託とは、清掃やメンテナンスなどの中核事業でない仕事を専門企業に頼むことです。海外生産とは、製造工場やITサポート部門などの中核事業を海外に移転させることです。

このモデルを実践するには

海外移転に関する決断はすべて、戦略的で大きな決断です。メリットとデメリットを詳しく吟味した上で、慎重に実行に移さなければなりません。

レベルにもよりますが、管理職であれば、海外移転をサポートするなり、主導権を握るなりする必要があるかもしれません。いずれにせよ、第1段階では「移転する明確な理由」を見つけましょう。たとえば次のような理由です。

- 景気が改善したため（クオリティを維持または向上させながら、コストを削減できる）
- 効率をアップさせるため（クオリティを維持または向上させながら、インプットは同じままでアウトプットの増加を図る）
- 生産性が高い労働者／より適任の労働者／安い労働者を獲得するため
- 海外、とくに急成長している新興国で、組織の知名度を高める

Section 6　戦略とマーケティングに関する意思決定　187

ため
- コスト削減している競合他社に対抗するため
- 新しい市場を獲得するため

　第2段階では、海外の提携先候補／移転候補地を探し、提携先としての適正を評価します。

- 移転を検討している各国の政治情勢とビジネス状況はどうなっていますか？　その文化圏でビジネスができると思いますか？外国に仕事を移転させると知ったら、顧客や利害関係者はどう思うでしょうか？
- 現地の労働市場は、あなたのニーズを満たせると思いますか？
- その国への移転に伴ってどんなコストが発生しますか？　輸送コストはどれぐらい発生しそうですか？
- 政治的な問題や安全上の問題など、考慮しなければならない問題はありますか？
- 移転によって製品のクオリティにどう影響しそうですか？

　第3段階では、どの製品（またはプロセス）を海外生産するかを検討します。海外生産する製品それぞれについて、コストとメリットを詳しく検討すること（→モデル59）。また利害関係者の反応を注意深く観察しましょう（→モデル14）。
　第4段階では、各国に移転した事例を詳しく分析します。前述したとおり、分析する対象は金銭的な要素にとどまりません。政治的な安定度、文化、外国人や外資への受け入れ状況、贈収賄の状況、その他多くの問題も考慮しなければなりません。
　海外移転によって、あなたまたはスタッフが仕事を失いそうな状況で、新たな仕事に就ける補償もない場合は、転職を検討しましょ

う。移転準備であなたがやった仕事も履歴書に盛り込みましょう。

考えてみよう

- 海外移転の判断において、あなたはどんな役割を担いそうか？
- 海外移転の候補地に、あなたや他の管理職は何日滞在したか？

優れた意思決定

スペインの元女王イザベル1世は、大西洋を横断してインドへの航路を探したいというクリストファー・コロンブスの最初の出航に出資することを決断した。これもまたブルー・オーシャン思考の一例だ（→モデル48）。しかもこの冒険は報われることとなった。

Section 6　戦略とマーケティングに関する意思決定　189

MODEL 50 | ムーアの ボーリングピン戦略

→特定の市場で独占的な地位を築きたいときに

企業が1つずつニッチ市場を支配しながら成長し、やがてマーケットリーダーになる——その方法を教えてくれるのがジェフリー・ムーアの「ボーリングピン戦略」です。

組織が事業拡大を図る際には、この戦略を利用して、次のように進めていきます。

> ①参入したいニッチ市場を見つける。現在の事業分野も候補の1つとなる
> ②その市場で優位な立場を確立するまで全力を尽くす。次の市場へ移るのはその後だ
> ③市場で優位な立場を築いたら、次のニッチ市場を探して、同じプロセスを繰り返す
> ④1つのニッチ市場でリーダー的な立場になったら、その勢いを利用して次のターゲット市場に参入し、顧客を引きつける

優位を占めるニッチ市場の数が増えるにつれて、シェアを獲得して事業が拡大するスピードも速くなります。後から取得した事業は「ボーリングピン」のようにどんどん倒れていくからです。

このモデルを実践するには

まず最終的な目標を明確にします。
例として、「小売店の会計業務ならあそこに頼め」と言われるよう

な、市内でも屈指の会計事務所になる、という目標を掲げたとします。

会計業務の市場をニッチ市場ごとに分けます。たとえば新聞販売店、パン屋、八百屋、肉屋、靴屋、ブティック、ギフトショップ、カードショップ、カフェ、旅行代理店など。

どのニッチ市場から攻めるか順番を決めましょう。時間をかけて、最初に倒すボーリングピンを決めるのです。この選択を誤ると、他のピンは1本も倒れないかもしれません。あなたとしては1本目のピンを倒して、その勢いで2本目を、2本目を倒すときの勢いで3本目のピンも倒したいはず。前述した小売業者のリストを例にすると、次の順序で攻めることができます。

①新聞販売店
②パン屋、八百屋
③肉屋、靴屋、ブティック
④ギフトショップ、カードショップ、カフェ、旅行代理店

どのニッチ市場から攻めるか順番を決めるときは、「各層が次の層に与える影響力の大きさ」を基準に決めます。この例では、街の新聞販売店は大勢の市民と顔なじみで、みんなと会話を交わします。ですから新聞販売店と契約すれば、彼らはいろんな人にあなたを宣伝してくれるでしょう。地元の商工会議所などの組織を利用して、ターゲット地域の中心的な存在を特定しましょう。

考えてみよう

- あなたはどの市場（またはセグメント）のマーケットリーダーになりたいのか？

Section 6　戦略とマーケティングに関する意思決定　191

■ あなたはどの市場の情報を持っているか？　もっと情報を集める必要があるか？　だとしたら、情報をくれそうな人は誰か？

悪い意思決定

1983年、『シュテルン』誌は約400万ドルを払ってヒトラーの日記の版権を取得したが、間もなくその日記が偽書であることが判明した。

Section 6　結論

ファースト11

　まだお気づきでない方のために。私が好きなのは、シンプルで効果的な理論で、なおかつ実践方法をわかりやすく説明してくれる理論です。ムーアの「ボーリングピン戦略」は、これらの条件をすべて満たしています。

　一見すると、ムーアは1つずつ事業を買収し、それを事業に組み込んでから次に進みなさいと提案しているように見えます。しかしムーアはもっと頭のいい人です。ムーアの提案はこうです。まずは買収したい事業を探すこと。次に、あなたが事業Aを買収することで事業Bを弱体化できそうな戦略を練りなさいと提案しているのです。これで、ゆくゆくは事業Bも買収できるからです。**ボーリングと同じで、1番ピンを倒せば、残りのピンも次々と倒れる仕組み**なのです。

さらなる可能性

　企業はインターネット販売の可能性をさらに探り、消費者のほうでも最新技術への飽くなき好奇心があるため、今後も新しいモデルが誕生し続けるでしょう。これらの開発を待つ間も、以下のことを忘れないでください。

- ■ 標準的な製品のライフサイクル理論は、製品寿命を考える上での便利な目安となります。しかしそれ以外にも、商品を普及させるために越えなければならないキャズム（→モデル46）につい

Section 6　戦略とマーケティングに関する意思決定　　193

ても考えましょう。こうした障害にどう立ち向かうか、戦略を練るのです。

■ 売上を拡大し、新規顧客を開拓するため、販路としてインターネットをどう活用するかを考えましょう。ロングテール理論（→モデル45）とミルグラムの「6次の隔たり」（→モデル47）を有効活用するのです。

■ ブルー・オーシャン戦略（→モデル48）を参考にして、新しい市場を探しましょう。また、海外移転によるコスト削減と市場の拡大を図るチャンスも見逃さないこと。

最後に興味深い話を紹介します。ウィキペディアの共同創始者ジミー・ウェールズの意見が正しければ、次の大いなる飛躍は最先端の技術ではなく、50ドル以下で買える安いアンドロイド・スマートフォンの出現によってもたらされるでしょう。

この価格なら、アフリカ、インド、極東、南米という広大な土地に住む大勢の人々がすぐにでもスマートフォンを手に入れて、インターネットの情報にアクセスできるようになります。これらのユーザーの多くが、優秀な起業家で、養わなければならない家族がいるとしたら？　彼らはきっと想像力とスキルがあり、このチャンスをしっかりつかみ、すごい発想力で世界を驚かせてくれるでしょう。

ウェールズの予想が正しいことを願ってやみません。

194

Section 7

組織を
取り巻く脅威を
明らかにする

Section 7 イントロダクション

　このセクションでは、本書の中でも最も憂鬱な内容を扱います。自分は心配性だと思う人は、悪夢を見る確率を上げてしまいますので、就寝前にこのセクションを読まないほうがいいでしょう。というのも、このセクションでは「誰もが考えたくないと思っている問題」を扱うからです。つまり、思いがけず襲ってくる、あるいは予見不能な、組織を破壊しかねないハプニングの問題です。

　まずは、計画立案ではお馴染みのSWOT分析とPEST分析（→モデル51と52）について検証します。2つの理論の根本的な違いがはっきりわからない、という人もしばしばいます。

　多くの本がこの2つの理論の根本的な違いについて、SWOT分析は組織内の問題を扱い、PEST分析は外部の問題を扱うと示唆していますが、私はそうではないと考えます。つまり、**SWOT分析が自社だけに影響を及ぼす問題を扱うのに対し、PEST分析は同じ業界に属するすべての企業に影響を及ぼすような問題を扱う**ということです。

　また、多くの企業がSWOT分析の結果として、「わが社には高度な教育訓練を受けた献身的なスタッフがいる」などと、自社の強みを数多く並べて自己満足に浸っていますが、これは経営コンサルタントの大罪と言えるでしょう。強みが強みたりえるのは、それが競争上の優位性をもたらす場合のみです。ひとつの業界内で、そのような競争力を持つスタッフがいると主張できるのは、せいぜい1社か2社しかないはず。同じように、弱みが弱みたりうるのは、そのせいで競争上不利な立場に立たされる場合のみです。

　SWOT分析やPEST分析で見つかる事象が、ある程度は予見可能であるのに対し、"不発弾"や"ブラック・スワン"などと呼ばれる事象

は予見するのが——不可能とまでは言わないものの——非常に困難です。しかし、そうした出来事が組織にもたらすダメージは非常に大きく、従ってこれらを見つける努力は欠かせません。

　思いがけない、あるいは予見不能なハプニングに対処する確固たる戦略を導入することは、組織にとって必要不可欠です。こうした戦略は、柔軟性と素早い決断、円滑なコミュニケーションに基づくものでなければなりません。

　このセクションでは最後に、ブラック・ボックス理論を取り上げます。私たちは仕事をするときに、さまざまなブラック・ボックスを使います。ほとんどの場合、ブラック・ボックスは仕事の効率を上げ、大いに手間を省いてくれます。しかし中には、ひとたび誤作動を起こせば、組織に深刻なダメージを与えるようなものもあるのです。

Section 7　組織を取り巻く脅威を明らかにする　　197

MODEL 51 | SWOT 分析

→自社の強み・弱み・機会・脅威を明らかにしたいときに

　通常、右図に示したようなSWOT分析は「組織に影響を及ぼす内部の要因のみ」を扱うと考えられていますが、これは間違いです。**正しいSWOT分析は、内部であろうと外部であろうと、あなたの組織に特有の強み、弱み、機会、そして脅威を明らかにする**のです。

このモデルを実践するには

　SWOT分析のほとんどは紙くずのようなものです。それはなぜか？ ほとんどの人が次の点を忘れているからです。

　つまり、強みが強みたりえるのは、あるいは弱みが弱みたりえるのは、「それらが競争上で有利や不利をもたらす場合」のみだという点です。たとえば、「高い訓練を受けた献身的なスタッフ」は、競合他社のスタッフよりもあなたの会社のスタッフのほうが優れている場合にのみ強みとなりえます。あなたの会社のスタッフはどうですか？

　組織内のさまざまな部署からスタッフを集めて小さなチームをつくり、SWOT分析を行います。分析の目的を明確にして、説明しましょう。たとえば市場シェアの問題といっても、ロンドンの市場シェアなのか、全国的な市場シェアなのかをはっきりさせること。

　将来の設定は2年、ないし3年以内にしましょう。

　まずは、すでに組織が持っている情報を使いましょう。次に、ブレインストーミングや、この本で紹介したモデルを使い、さらなるアイデアや情報を集めます。

　追加のデータを集めるときは「歩きまわるマネジメント」を実践するようチームのメンバーに勧めましょう。「歩きまわる」ときは、前もって目的を決めておくことや、根掘り葉掘り訊くのではなく、さり気なく会話に誘うことが大切だと伝えます。相手が幅広く自由に回答できるようなオープン・クエスチョンを使い、詳細を聞き出します。また、積極的な姿勢も大切で、重要な事柄だと感じたら「それは考えたこともなかったよ。もっと詳しく話してくれないか」と先を促しなさいと指導します。

　あなたもチームのメンバーも、「歩きまわるマネジメント」に加え、あらゆる会話や会議など、データを収集できる機会を利用しましょう。周囲と違う意見を持つ人の話には特に注意して耳を傾けるよう強く促します。新しいアイデアというものは、常にたった1人から始まり、最初はばかばかしいと思われていたものが、やがて大多数

に受け入れられるようになるものだからです。

　参加者の見解はすべてポストイットにメモしましょう。壁にテーマを書いた紙を何枚か貼って、その下にテーマに似たアイデアのポストイットを貼り付けます。

　それぞれのアイデアを、実践された場合にそれが組織に及ぼすインパクトという観点から、また実現する可能性がどれくらいあるかという観点から分析し、評価します（→モデル12、13）。定量データ（ハードデータ）、定性データ（ソフトデータ）、それに個人の洞察力を使って、問題を評価します（→モデル3）。

　実現可能性が高く、影響力の高い問題を探しましょう。影響力が高く、発生する確率が30％を超える問題は、さらに分析する価値があります。発生する確率が30％を超える脅威については、それぞれに対処するための戦略を簡単に練りましょう。脅威が現実のものになってきたら、その戦略を具体化させます。

考えてみよう

- SWOT分析を実施するにあたり、あなたの助けになってくれる人は誰か？
- 過去にあなたが実施したSWOT分析の正確性について、評価したことがあるか？

悪い意思決定

テスコは子会社のスーパー「フレッシュ＆イージー」でアメリカに進出したが、その決断は大失敗に終わった。中国にも進出したが、間もなく徹底に追い込まれた。

MODEL 52 PEST分析

→業界内のあらゆる組織が直面しようとしているチャンスや脅威を
見極めたいときに

　下図のようなPEST分析と、前項のSWOT分析の違いについて、SWOT分析は組織に影響を及ぼす内的要因を、PEST分析は外的要因を扱うものだと勘違いされがちです。

　本当の違いは、**SWOT分析がある組織に特有の問題を扱うのに対し、PEST分析は特定の業界全体に影響を及ぼしそうな問題を見つけようとする**点にあります——たとえば自動車業界にとってのディーゼルエンジン廃止運動などがそうです。

　あなたの組織の成功は、競合他社よりも早く、変化する外的要因

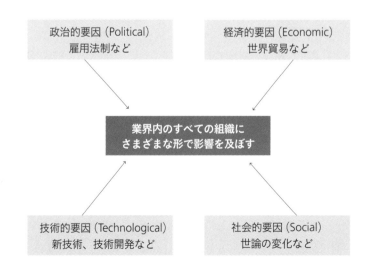

Section 7　組織を取り巻く脅威を明らかにする

を正確に予見できるか、その変化に適応できるかどうかにかかっているのです。

このモデルを実践するには

質の高い一般紙や、あなたの組織に関連がある業界紙を定期購読しましょう。加えて、定期的に訪れる必要がありそうなウェブサイトやブログをいくつかピックアップします。こうした複数の情報源にアクセスすることで、業界に影響を及ぼしそうな変化を知ることができます。

自社のマーケティング部門には、あなたの組織について書かれた新聞やネット上の記事を月ごとにまとめた資料が置いてあるかもしれません。問い合わせてみましょう。また、業界内の他の管理職たちとのネットワークを築きましょう。同業者の集まりなどは、よいきっかけになります。

PEST分析で調べるのは外的要因なので、幅広い人から情報を得ることが重要です。小さなチームをつくり、PEST分析の狙いをはっきりさせた上で、どんな情報を集めるべきか例を示します。**PEST分析によって導かれる結論は、SWOT分析よりもさらに推論的なため、対象期間は2年以内に絞ります。**

あわせて、この本で紹介したモデルやブレインストーミング、組織が問題発見のために前々から集めてきた情報を使いましょう。

ポストイットにアイデアを書き出し、一覧表の各テーマの下に貼っていきます。次に、それぞれのアイデアを、実践された場合にそれが組織に及ぼすインパクトという観点から、また実現する可能性がどれくらいあるかという観点から分析し、評価します。

組織に影響を及ぼしそうな問題を評価するときは、定量データ（ハードデータ）と定性データ（ソフトデータ）、それに個人の洞察力を使

います（→モデル3）。

　実現可能性が高く、影響力の高い問題を探しましょう。影響力が高く、発生する確率が30％を超える問題は、さらに分析する価値があります（→モデル12、13）。発生する確率が30％を超える脅威については、それぞれに対処するための戦略を簡単に練りましょう。

　なお、少しでも興味をひかれたことは、リフレクティブジャーナルにメモしましょう。

考えてみよう

- ■ 組織やチームは、どんな大きな変化に直面しているだろうか？
- ■ そうした変化に対応する戦略があるか？

優れた意思決定

リチャード・ブランソンは、ウェスト・コースト鉄道路線の営業権をファースト・グループに移すとしたイギリス政府の決定に対し、高いリスクを冒して異を唱えた。これにより、彼の鉄道事業は守られた。

MODEL
53 | 不発弾理論

→どんな組織でも「不発弾」を抱えている。爆発した際に素早い対応を
　行うために

　不発弾理論は、**多くの組織が気づかずに抱えているリスク**を表す
メタファーです。こうした「不発弾」は、いつか爆発してビジネス
を崩壊させるその日まで、粛々とカウントダウンを刻んでいます。多
くの組織が、何の認識もないままそうした不発弾の上に座っている
のです。この理論は、油断している人々の目を覚まさせるとともに、
潜在的な脅威と、それらに対する戦略を認識させてくれます。

　不発弾に対応するために組織がするべきことは次のとおりです。

- 潜在的な脅威を掘り起こす
- 不発弾が爆発する確率を計算する
- 不発弾がいつ爆発するかを予測する
- 取るべき対策とその手順を確認する

　こうした不発弾は往々にして、組織が市場を正しく理解できてい
ないことや、市場や業界の変化に素早く対応できないことが原因で
生じます。

このモデルを実践するには

　不発弾のやっかいなところは、あなたの死角を突かれる恐れがあ
ることです。潜在的な脅威を見つけるのは生やさしいことではあり
ませんし、クリエイティブな思考が欠かせません（→モデル20）。

小さなワーキンググループをつくり、SWOT分析やPEST分析と同様の手法で取り組みます（→モデル51、52）。ただし、この演習では、組織の存在を脅かすような大規模かつ破壊的な力を秘めた脅威にのみ注目します。

　不発弾の「爆発する確率」を見積もりましょう。永遠に現実化しない脅威もあれば、来週にでも顕在化しそうなリスクもあります。ガソリン車にとって電気自動車は脅威となりますが、ガソリン車が今後5年間で電気自動車に取って代わられることはないでしょう。人々はいまの車に多大な投資をしており、いますぐ愛車を捨てて電気自動車に乗り替えるとは思えないからです。電気革命は――起こるとしても――ゆっくりとした段階的なものになるでしょう。

　この事例と、人類遺伝学の進歩により今後10年以内に起こり得る医薬品の大々的な変革とを比べてみましょう。

　不発弾が「いつ爆発しそうか」を予測しましょう。10年後と予測した場合、心配には及ばないかもしれません。10年あれば、状況は大きく変わる可能性があるからです。一方で3年以内と予測した場合は、爆弾から信管を取り除くか、爆発を遅らせるか、あるいは爆発した際のダメージを封じ込めるか、いずれかの戦略を立てなければなりません。

　［例］信管を取り除く戦略
- 研究開発に力を入れ、直面する危機を無効にできそうな防御策を講じる
- 現在の営業手法や商慣習を変える

　［例］爆発を遅らせる戦略
- 陳腐化しないよう、商品に変更を加える
- 目抜き通りでの店舗販売よりもネット販売に重点を置くなど、経

Section 7　組織を取り巻く脅威を明らかにする　　205

営戦略を変える

[例] ダメージを封じ込める、あるいは無効化する戦略
- まったく新しいビジネスに切り替える
- 現在の会社を売却し、新しい会社を立ち上げる

　一般的に、発生する確率が非常に低いリスクや、遠い将来にしか起こり得ないリスクは、無視してかまいません。ただし、予見不能な「ブラック・スワン」に突然見舞われる可能性があります。次の項で紹介しましょう。

考えてみよう

- あなたは業界内の革新や新しいアイデアに、どれくらい注意を払っているか？
- 組織内にリスクを研究している人はいるか？　もしいないなら、あなたがその役割を引き受け、その第一人者となることは可能か？

悪い意思決定

第二次世界大戦後にウィンストン・チャーチルは、英国中央郵便本局研究所の技術者トミー・フラワーズらによって開発された当時最先端の暗号解読用コンピューター「コロッサス」を解体するよう命令した。平時にはそのような機械は必要ない、というのが当時の常識だったのだ。

MODEL 54 | タレブのブラック・スワン理論

→ビジネスにおいて唯一確かなことは不確定性であると確認したいときに

　ナシーム・ニコラス・タレブのブラック・スワン理論は、**到底ありえないと思われていた特異な現象が起きること**を表すメタファーです。ブラック・スワンは「不発弾」とは違って、通常は組織の外で起こります。

　その判断基準は、以下の4項目を満たすことです。

---

①観察者に非常に大きな驚きや衝撃を与える事象であること
　　［例］広島への原爆投下
②その事象により、重大な影響がもたらされること
　　［例］核の時代が到来し、軍拡競争を招いた
③のちに合理的な説明がなされること。予兆を読み取るか、多岐
　　にわたるデータを総合していれば、予測できたと考えられる事
　　象であること
　　［例］原子を分裂させるというアイデアは長年にわたって科学者
　　たちの間で議論されていた
④事象の観察者が、ブラック・スワンであるかどうかを判断する
　　こと
　　［例］マンハッタン計画のメンバーにとって、広島への原爆投下
　　とその結果は驚きではなかった

　タレブは、ブラック・スワンを予見する試みは提唱していません。むしろ私たちは、突然の予測不能な事象に耐えられる強固なシステムを築き、そうした事象に素早く対応できるスタッフによって組織

を運用する必要があります。

このモデルを実践するには

　目に見えない予見不能な事象に、どうやって備えればいいのでしょうか？　それは簡単ではありません。そこで、柔軟で素早い対応が取れる体制を整えておきましょう。ブラック・スワンに見舞われたときに、ショックのあまり身動きが取れなくなるようでは困ります。すぐにも情報を収集し、その出来事があなたや組織に及ぼす影響を探りましょう。

　多くの公的機関や民間企業には、緊急計画のチームがあります。あなたの組織に緊急計画のチームがないときは、小さなグループをつくり、その事象が組織に及ぼす影響を話し合いましょう。具体的には、SWOT分析、PEST分析（→モデル51、52）、不発弾理論（→モデル53）を使って、脅威やチャンスがないかを分析します。こうした脅威やチャンスが実際に起きた場合にどうするか、対策を練ります。

　脅威に対応する「緊急措置」を導入すると同時に、チャンスに転じる方策がないか、アイデアを出しましょう。たとえば3Dプリンターは、最初に発表された時点でブラック・スワンとなる可能性を秘めていました。ただ、既存の生産方法をすぐさま脅かすものではなかったため、世間にブラック・スワンだと騒がれるほどの衝撃を与えませんでした。しかしいま、その影響が顕在化してきています。あなたの組織は、どんな対策を採っていますか？

　計画には柔軟性を持たせましょう。計画を立てるのは、目標に到達しやすくするためであって、あなたをがんじがらめにするためではありません。ブラック・スワンのような事象によって計画から外れたら、目的をどうやって達成するかをもう一度検討します。まわり道や裏道を使ってもかまいませんが、常に最終目的を視野に入れ、

そこへ向かう努力をしましょう。

考えてみよう

- 考えたり計画したりする際、あなたはどの程度柔軟性を持っているか？
- あなたは、物事は計画通りに進むべきだと考えるか？　そう思うなら、それはなぜか？

優れた意思決定

シアーズ・ローバック社は1906年にカタログ販売を始め、全米に自社製品の新しい市場を築いた。また消費者の需要に応えるため、ヘンリー・フォードなどと同様、大量生産の道を切り開いた。

MODEL
55 ブラック・ボックス理論

→ブラック・ボックスからはじき出された結果に違和感を覚えたときに

　世界は日ごとに複雑化していきます。現在、私たちは「ブラック・ボックス」と呼ばれる驚くほど複雑な機械、システム、構造物を日常的に使用しています。しかも、それらが実際にどのような仕組みで働いているのかはまったくわかりません。

　たとえば、あなたは衛星ナビゲーションの内部構造を知っていますか？　おそらくは知らないでしょう。にもかかわらず、私たちは何の疑問も抱かずに、喜んでそのアウトプットを受け入れます。その結果、運転中に川に落ちてしまった、などということが起こるのです。

　ビジネスにおいても同じです。私たちは高度に複雑化したシステムにデータを入力しますが、ブラック・ボックス（システム）の中で何が行われているのかはほとんど知りません。それでいて、そのアウトプットを正しいものと何の疑いもなく信じ、それを基に行動します。

　さて、**ほとんどの場合、ブラック・ボックスは正常に作動してくれます。しかし、ひとたび誤作動が起これば、組織は大きな問題に直面する**でしょう。たとえば近年、多くの株取引システムがネットワークへの接続を切らざるを得ない状況が発生しました。原因は、市場に特定の状況が現れた際に、売る必要もないのに自動的に売り注文が出てしまったためでした。株価の大幅な下落により、関係する組織は一時的に大混乱に見舞われました。もっとも、公表された事例は氷山の一角に違いありません。

　もう少し小さな事例もあります。ここ数年の間に、英国のポスト・

オフィス・リミテッドは100人を超える民間受託郵便局長を詐欺行為で訴えました。ほとんどがその職を失い、刑務所に入った人も大勢いました。2015年になってようやく、ポスト・オフィス・リミテッドは、問題は自社のソフトウェアにあり、詐欺行為などなかったことを突き止めました。

ブラック・ボックスが引き起こす問題に備える必要があります。

このモデルを実践するには

仕事をする上で、ブラック・ボックスを避けることはできません。そしてほとんどの場合、ブラック・ボックスは求められる働きをし、あなたの仕事の手間を省いてくれます。しかし、ブラック・ボックスとは根本的に、誰かが設計した意思を持たないシステムに過ぎません。それゆえ、警戒を怠らないことが肝心です。

たとえば、ブラック・ボックスが吐き出す結果を、鵜呑みにしてはいけません。情報が間違っていると感じたり、どこか変だと思ったりしたときは、実際はシステムが間違っていて、あなたの暗黙知が警鐘を鳴らしているのかもしれません（→モデル8）。

ブラック・ボックスから得られる結果に対し、数値の限界を設定するのも効果的です。一定期間に得られた結果を記録し、それを基に限界値を設定します。ブラック・ボックスの出した結果が設定した限界を超えた場合は、結果を疑い、なぜそうなったのかを調べます。とくに、日を追うごとにエラーが悪化すると感じたら、要注意です。

ブラック・ボックスは既成品が多いものの、一組織のために特別につくられる場合もあります。あなたの組織で専用のシステムをつくる場合は、設計段階から積極的に関わりましょう。組織がシステムに何を求めているのか、コンピューター技術者はデザインする前

Section 7　組織を取り巻く脅威を明らかにする　211

の段階で知る必要があります。可能な限り正しい情報を伝えることは、あなたの利益にもつながります。

　既成のシステムなら、その仕組みについてできるだけ多くを学びましょう。専門知識は管理職が手にできる5つの力のひとつ（他は合法的権力、報酬、強制力、カリスマ性）であり、基礎知識があるだけでも、スタッフから頼りにされるはずです。

　新聞やメディアで、ブラック・ボックスの誤作動に関するニュースをチェックしましょう。どんな出来事があり、関係した組織がどのような対応を行ったのか、事例を集めること。よいアイデアをファイルしておけば、将来役に立つかもしれません。

考えてみよう

- ■ あなたが使っているブラック・ボックスの中で、誤作動によって深刻な被害が生じるようなものはどれだろう？
- ■ ブラック・ボックスが誤作動を起こしたときに備え、どんな対応を準備しているか？

悪い意思決定

1999年、エキサイトに「グーグルという会社を75万ドルで買収しないか」という提案があったが、CEOのジョージ・ベルはこれを断った。

Section 7   結論

ファースト11

「ファースト11」にSWOT分析が選ばれたのは、正しく使えば意思決定の際のすばらしい判断材料となるからです。

　ここ何年か、SWOT分析はマスコミに叩かれてきました。あまりに広く知れ渡ったこともその一因ですが、さらに大きな原因は、分析するまでもなく予測できてしまうと、ほとんどの人がこれを時間の無駄と考えるからです。これは残念なことです。SWOT理論は、実はとても役に立つツールなのですから。SWOT分析の信頼性を取り戻すには、従来よりもずっと厳密なアプローチが必要です。

- すべての強み、弱み、機会、脅威が同じ価値を持つとは限らない、と認識しましょう。たったひとつの重大な強みが、多くの弱みを打ち消すこともあれば、たったひとつの重大な弱みが、多くの強みを無効化してしまうこともあります。
- チャートに含めるのは、あくまでも競争で有利に働きそうな強みや機会、そして競争で不利に働きそうな弱みや脅威のみです。その判断を下すには、競合他社を研究し尽くす必要があります。これはほとんどの企業が行っていない研究でもあります。
- SWOT分析により導かれた重要なアイデアは、すべて詳細に評価し、必要に応じてその費用も見積もりましょう。

「予見」は不可能なのか？

　2002年11月、BBCのドキュメンタリー番組『ホライゾン』は、巨

大な高波を特集しました。これは津波や高潮と異なり、突如現れて船舶に甚大な被害をもたらす巨大な水の壁です。有史以来、巨大な波の報告はいわゆる「漁師のつくり話」と思われてきました。ところが近年、その発生原因こそ解明されていないものの、このような波が実際に存在することがわかってきました。

　破壊的な力を秘めた巨大な高波は、このセクションで論じてきた重大な脅威と、多くの類似点を持ちます。どちらも予見するのが非常に難しく、むしろ不可能と言ってもいいでしょう。予期せぬときに襲いかかり、その結果、甚大な被害を企業にもたらします。

　ここで紹介した理論はいずれも、組織の存亡に関わる脅威を予見する方法を提供するものではありません。しかし、前途に目を凝らして、実現するかもしれない脅威や実現しそうにない脅威を察知し、それに対応する危機管理計画を構築しなさいと促してくれます。

　たとえば「9.11」は、予見することが不可能なほど信じがたい事件だったでしょうか？　アメリカのスリラー作家、トム・クランシーは1995年に出版した『日米開戦』の中で、日本のテロリストがジャンボ機でアメリカの国会議事堂に突っ込み、大統領と政府要人のほとんどが死亡するというストーリーを書いています。私自身はおぼろげながら、本を読み終えて「そういうこともあるかもしれないな」と思ったのを覚えています。アルカイダのメンバーが同じ本を読んだ可能性は大いにあります。

　予見できない脅威に対しては、フットワークが軽く、柔軟性があり、危機にいち早く対応できる、鋭い組織をつくることが大切です。

　多少なりとも予見可能な脅威に対しては、それが実現する可能性と、実際に起こった場合の影響を検証します。発生する確率が30％を超える重大かつ損害の大きな脅威に対しては、それに対応する戦略を練ること。たいていの場合、1つの戦略でいくつかの脅威に対応できるでしょう（→モデル12、13）。

Section 8

財務と統計に
まつわる理論

Section 8 イントロダクション

　社会を動かすのが愛だとしたら、ビジネス界を動かすのはお金と
いえるでしょう。この本の中で、私は何度も「定性データを使うよ
うに」と勧めましたが、**結局のところ、意思決定というものはお金
で決まる場合が多いもの**です——たとえば、その判断で利益は出る
のか、が決め手となるなど。お金を無視することはできません。避
けられない問題なのです。

　このセクションで紹介する理論の中には、読者がすでに試したも
のもあるでしょう。読者のみなさんがいくつ試したかわからないた
め、ここでは常識的な話をしますが、実務経験豊富な人はご容赦い
ただきたいと思います。

　私は会計士として訓練を受けました。世の中には、会計士の資格
がなくとも数字を読む力に秀でた人がいますが、そのような人はま
れです。ほとんどの人は優秀で相応の知識があって、必要に応じて
学習します。

　その一方で、財務情報がまったく理解できず、組織にとってハイ
リスクな人もまれにいます。CEOの中にも、「現金」と「利益」の
区別がつかず、売上さえアップすれば予算のバランスが取れると思
い込む人がいます。

　みなさんがどれだけのファイナンシャル・リテラシーを持ち合わ
せているか、私にはわかりません。とはいえ、このセクションのモ
デルを試す場合は、会計士の協力を仰ぎましょう。そのために会計
士がいるのですから。

　おまけに会計士も人から必要とされたい（できれば愛されたい）と
思っています。暇そうにしているご近所の親切な会計士を喜ばせる

ためにも、雑談しに行ってやってください（なぜ世の中には、普段は仮の姿で会計士をしているスーパーヒーローがいないのでしょうか？）。

　会計士の資格を持ち、このセクションのモデルを実践している人は、私の解説など必要ないでしょう。しかし、そのような読者にも話しておきたいことがあります。オフィスを出て、意思決定を担う管理職たちと話してほしいのです。管理職に「これに記入してください」とスプレッドシートを送ったり、「これとあれのデータを送ってください」と電子メールを送りつけたりするのではなく、あなたかスタッフが自分で必要なデータを集めてください。

　前述したように、管理職は、自身の知識をすべてのメンバーに伝えることはできません（→モデル8）。あなたが自ら彼らの敷地に赴けば、オフィスに閉じこもっているよりも、顧客の仕事について多くのことがわかるでしょう。数字の計算方法／解釈方法も変わるかもしれません。そして、あなたの評判も格段に高まるかもしれません。

Section 8　財務と統計にまつわる理論　217

MODEL 56 リスク・リターン分析

→リスクとリターンとの間に合理的なバランスが取れているか分析したいときに

　リスク・リターン分析とは、**上層部が持っているさまざまな選択肢をシンプルなグラフに収めようというモデル**です。リターンを縦軸に、リスクを横軸に取りながら、さまざまな選択肢をグリッド上に位置づけるのです。

　こうしてシンプルに、視覚的に表示することで、細かい議論やデータによる混乱を避けられますし、決断を下す上で強力な武器とな

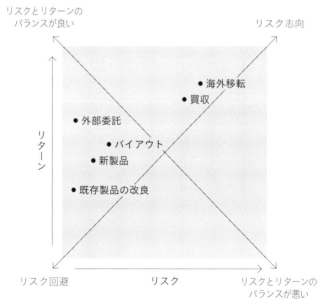

出典：『Key Management Models (3rd Edition)』Gerben Van den Berg, Paul Pietersma

ります。

この分析を使うと、りんごと梨の比較も可能になります。たとえば、新製品で会社の立て直しを図りたいときに、限られたリソースを使ってどの企画を推し進めるかを決めやすくなります。

このモデルを実践するには

リスク・リターン分析は、詳細なレベルでも計算できます。急場しのぎの分析も可能なので、ある企画を正式に検討する前に、差し当たり実現できそうかどうかを調べることができます。

まずは、あなたが評価したい新しい事業活動、製品、プロセス、サービスを探します。

メンバーを選んで、このプロジェクトを手伝ってもらうチームをつくります。さまざまな選択肢を評価するには、幅広いスキルを持つメンバーが必要になるため、組織のいろいろな部署から招集しましょう。

定量データと定性データの両方を使って、それぞれの選択肢について細かく評価し、前出のリスク・リターン・グラフに当てはめてみましょう。

選択肢ごとに関連するリスク要素を探します。たとえば、利害関係者への影響、市場における組織の位置づけ、評判、競争力、現在の戦略、今後の戦略などです。

チームで情報を共有して、必要に応じて予測を修正します。人間はリターンは大きく、リスクは小さく予測しがちです。データの土台となる予測を鵜呑みにせずに、疑ってください。

ハイリスク、ハイリターンな企画を検討しましょう。どうすればリスクを軽減できるかを考えてみること。

組織のリスク耐性に合う企画をすべてランクづけし、合わない企

Section 8　財務と統計にまつわる理論　219

画を除外します。すべての企画にお金はかけられませんし、2つ以上の企画に同時にリソースを投入すると障害が生じるので、承認されそうな企画をリストにまとめます。

分析は簡略化しすぎないこと。既存の製品と新製品、または新製品同士は、複雑に関係している場合が多いからです。たとえば、あなたが新製品を発売したところ、顧客がそれを「既存の製品の廉価版」だと思い込むと、利益を上げている既存の市場が崩壊しかねません。

たとえばポルシェも、ボクスター（1990年代後半から製造を始め、価格や性能的にはポルシェのエントリー車種という位置づけで認識されている）を発売したときに、金の卵である911（1964年発売の初代からモデルチェンジを続けてきた同社の主力車種）を潰さないよう策を講じました。

中間管理職の人は、おそらくこのプロセスでは、チームの一員として情報を提供する役割を担うでしょう。この仕事を通して、あなたが「部署」の視点だけでなく、「組織」の視点でも物事を考えられることを証明しましょう。大局的な視点から全体像を見渡せることを行動で示すことができれば、他の人々よりも抜きんでた存在としてアピールできます。

考えてみよう

- あなたの組織にはリスク・リターン分析があるか？　ある場合、あなたはその内容を知っているか？　ない場合、あなたがつくることはできるか（→モデル31）？
- 他の部署の管理職とよく連絡を取り合うか？　組織内のつながりや仲間とのネットワークをもっと強化する必要があるか？

優れた意思決定

辻馬車の付属品の製造業者だったウィリアム・フーバーは、1908年にその事業から撤退して、掃除機の製造へと舵を切った。完璧なタイミングでの事業転換だった。

MODEL 57 | キャプランとノートンの バランスト・スコアカード

→**戦略計画に合わせて予算を使いたいときに**

組織に長期的な戦略計画やビジョンがあっても、それに合わせて予算が組まれることはめったにありません。このようなズレが生じるのは、**財務面ばかりが強調されて、「非財務的要素」が軽視されがちだから**です。この問題を解決しようというのが、ロバート・キャプランとデビッド・ノートンの「バランスト・スコアカード理論（BSM理論）」です。

組織にとって最も重要な3つの非財務的要素は以下のとおりです。

- 顧客との関係
- 主要な業務プロセス
- 学習と成長の戦略

成功方程式にこれらの要素を組み込めば、管理職は組織のあり方や企業活動をいままでとは違った視点から見るようになります。組織を財務的な視点から見なくなるのです。バランスト・スコアカードを使うことで、組織は戦略に合わせた事業活動を行いやすくなるわけです。

このモデルを実践するには

バランスト・スコアカードを実践するときは、あなたの役割とは関係なく要点を理解すること。要点を押さえておけば、プロセスを管理するのも、プロセスに貢献するのも、いずれもやりやすくなり

ます。

　ここでの目的は、短期的な財務目標を組織の長期的な戦略計画に合わせることです。それを実現するには、以下の4つのプロセスを関連づける必要があります。

①組織のビジョン：組織のビジョンを描き、導入し、その実現に向けて繰り返し人々に協力を求めます。
②目的を周知し教育する：組織の目的を全スタッフに周知し、その目的を達成するには各自が何をすべきかを説明します。目標を達成すべくスタッフを訓練し、実績に応じて報酬を支払いましょう。
③事業計画：組織の戦略的な目的を達成するために、事業計画に目標を定めます。評価指標を定めて、目標の達成状況をモニタリングしましょう。目標を達成できないときは、そのたびに対策を講じます（→モデル67）。
④フィードバックを集めて活用する：組織のビジョンを繰り返し説明して、社員の心に刻みつけます。と同時に、戦略的データと業務データを集めて、今後の戦略計画、研修、育成プログラムに活用します。

　4つのプロセスの目標を設定するときは、全レベルの管理職を巻き込むこと。こうすることで、全員がこの戦略を理解して受け入れ、目標達成に向けて部下と共に邁進してくれるでしょう。

　管理職は、新しい戦略と目標を詳しく部下に伝えましょう。バランスト・スコアカードを見せて、自分たちが目標を達成すれば、組織の長期的な戦略を実現しやすくなるのだとスタッフに説明します。

　システムの実行責任者は全員、きちんと訓練すること。それ以外にも、全スタッフを対象とするセミナーやミーティングも開きまし

Section 8　財務と統計にまつわる理論　　223

ょう。といっても1回限りのトレーニングでは不十分です。バランスト・スコアカードを成功させるには、繰り返し教育し、訓練し、情報を共有しなければなりません。

　給料や時給などの報酬体系を、グループの業績評価指標と個人の業績評価指標に関連づける方法を考えましょう。といっても、前述したように、金銭的な報酬ではスタッフのやる気は持続しません（→モデル40）。みんなに意欲的に働き続けてもらうには、仕事の内容に配慮し、実績の高い人をきちんと評価するシステムが必要です。バランスト・スコアカードを使って戦略を練る場合は、これらの要素もきちんと考慮しましょう。

　成功に安住してはいけません。システムを繰り返し分析し、磨きをかけ、変更を加えること。完璧にはなりませんが、だからといって完璧を追求しない理由にはなりません。

考えてみよう

- バランスト・スコアカード戦略を実行する上での、総合的な責任者は誰か？
- 専門知識があるせいで、いくつかの要素の重要性を見落としていないか？

悪い意思決定

エルビス・プレスリーをワールドツアーに送り出して大金を稼ぐ計画があったが、エルビスのマネージャーだったパーカー大佐（兵役に服した記録はない）は、これを却下した。その理由は、彼が外国人でパスポートを申請したくなかったからだといわれている。

224

MODEL 58 ディスカウント・キャッシュフロー法（DCF法）

→未来のキャッシュフローを比較して、どの選択肢が現在価値でいう最大のリターンを生むかを調べたいときに

インフレの影響により、お金の価値は時間の経過と共に損なわれます。インフレによってお金の購買力が下がるため、今日の1000ドルの価値は3年後よりも高いのです。そのため投資のリターンを計算するときは、こうした価値の減少分を考慮してキャッシュフローの正味現在価値を算出します。

下の表は、1万ドルで購入した新しい機械から失われるキャッシュフローの正味現在価値を示しています。機械の耐用年数は5年間とし、割引率には、今後5年間の予想インフレ率である3.5％を設定しました。

	余得	割引率 3.5%	正味現在価値
1年目の余得	3,000		3,000+
2年目の利益	3,000	96.5	2,895+
3年目の利益	3,000	93.0	2,790+
4年目の利益	3,000	89.5	2,685+
5年目の利益	1,000	86.0	860+
合計収入（正味現在価値）			12,230+
購入額（正味現在価値）			10,000+
購入費用－収入			2,230+

Section 8　財務と統計にまつわる理論

この例では、機械は購入する価値があります。5年間の利益が、2230ポンドという現在価値に達したからです。しかし、インフレ率の予測がもっと高ければ、機械の購入で損することになります。

ほとんどの企業では、「必要最低限の利回り」を設定します。これはすべての投資に求められる最低年間利益のことです。たいていの場合、この割合は割引率に含まれています。

DCF法は重要な財務ツールで、個々の投資や競合する投資を評価するのに役立ちます。

このモデルを実践するには

通常は、会計士が以下を含めたさまざまな情報を基に計算します。

- 投資のコスト。コストは1年で回収できるか、それとも回収は資産の寿命までかかるか、など。
- 将来のキャッシュフローをどう計算したか。
- 全投資に求められるハードルレート、計算に使われるインフレ率などの詳細。

説明からわかるように、DCF法ではたくさんの変動的な要素を数値化して計算しなければなりません。つまり、計算の精度によって予測にはばらつきが出るということです。ですからDCF法は、正確な試算というよりも、将来のリターン予測として参考にしましょう。

限られたリソースをめぐって複数の企画が争っている場合、DCF法を使えば異なる企画も比較できるようになります。条件が同じであれば、たいていはキャッシュフローの正味現在価値が高い企画や投資が選ばれます。しかし面白いことに、その選択肢が却下されて、リスクの低い企画（→モデル31）や、資本コストを一番速く回収でき

る企画が選ばれることもあります。

考えてみよう

- 財務情報について、会計士に頻繁に質問しているか？
- 組織にとって会計士は門番のような重要な存在だ。あなたは会計士ともっといい関係を築く必要がありそうか？

優れた意思決定

ソニーの創業者の1人である盛田昭夫は、若者たちが暇さえあれば音楽を聴きたがることに気づいた。市場調査ではなく、このようにして1人の男が人々を観察した結果、ウォークマンは誕生した。

MODEL

59 費用便益分析

→意思決定において、無形要素の経済的価値を算出したいときに

　マクナマラの誤信（→モデル2）を学ぶと、「スタッフの士気」などの数値化できそうにないデータも考慮することが重要だと気づかされます。費用便益分析はこの問題を解決するための理論で、**決定によって発生するコストや利益すべてを経済的価値で評価しようという試み**です。

　この分析法は、ポストイットを使ってざっくり計算してもいいですし、大型の投資から発生する将来の利益やコストもすべて組み込んで綿密に計算することもできます。

　費用便益分析がよく使われるのは、公共部門のプロジェクトです。民間部門の評価方法は、ディスカウント・キャッシュフロー法（→モデル58）が主流です。といっても、ブランド価値や企業イメージなどの無形資産の算出には、費用便益分析が使われますが。ほかにも、企業が地域や地方のコミュニティに大きく影響しそうな大型のプロジェクトを始めるときにも、費用便益分析が使われるケースが増えてきました。

　民間部門が費用便益分析を使うのは、政府や地方自治体と契約を結ぶ場合が多いでしょう。たとえば、イギリスで進行中の高速鉄道路線（HS2）の建設計画の場合は、その費用400億ポンドを正当化するために、費用便益分析が使われました。HS2計画をめぐってはさまざまな議論が起きていますが、その原因はこのプロジェクトにかかる無形費用や利益の計算方法があいまいだからです。

228

このモデルを実践するには

費用便益分析の計算は、管理職に任されることはめったにありません。むしろ管理職は、プロジェクトに関わる会計士、経済学者、統計学者、計画立案者から「情報を提供してほしい」と頼まれるでしょう。

組織での立場によっては、費用便益分析の報告書を慎重に評価する必要があります。報告書がつくられた背景、どのようなプロセスを経て報告書が作成されたのかを批判的に分析するのです。その場合は、以下のような問いを立てながら報告書を吟味しましょう。

- どういう想定の下に、調査および報告書の作成が行われたか？
- 費用と利益はどう算出されているか？ とくに形のない費用や利益には注意を払うこと。いわゆる専門家は、ここで「プロとしての判断」を最大限に発揮してくるからです。
- ディスカウント・キャッシュフロー法を使って、将来のコストと利益の正味現在価値が計算されている場合は（→モデル58）、その計算に用いられたインフレ率と前述のハードルレートを確認しましょう。
- 費用と利益の予測額は、予測が未来になればなるほど、計算の精度は落ちます。
- 分析から抜け落ちている要素は何か？ 過小評価／過大評価されているリスクはどれか？ 過小評価／過大評価されている利益はどれか？

考えてみよう

- あなたの組織では費用便益分析を行っているか？ 最後に費用

Section 8 財務と統計にまつわる理論　229

便益分析を行ったのはいつか？

- 組織内で費用便益分析に詳しい人は誰か？

悪い意思決定

俳優のジョージ・レーゼンビーは、『女王陛下の007』でジェームズ・ボンドを演じ、映画は大ヒットした。しかし彼は007シリーズの次のオファーを断った。アドバイザーから「他のオファーがどんどん舞い込んでくる」と言われたからだったが、結局オファーは来なかった。

MODEL 60 損益分岐点分析

→固定費をすべて回収し、そろそろ製品の価格を下げたいと思ったときに

　製品の価格を下げて大口の契約を取り付けるか、値引きを断ってチャンスを逃すか――管理職はしばしばこのような選択を迫られます。そんなときは、損益分岐点分析が役に立ちます。
　この分析法についてお話しする前に、費用に関する用語を押さえておきましょう。
　固定費とは、生産量が変動しても、影響を受けずに一定額かかる費用のこと。たとえば製品の生産量を10万個から10万2000個に増やしても、管理職の給料、スタッフの時給、光熱費、広告宣伝費、監査役の報酬は変わりませんし、この程度の増産では新しい機械や土地を購入する必要もないでしょう。基本的に、製造量が大幅に変わっても固定費は変わらない場合が多いのです。

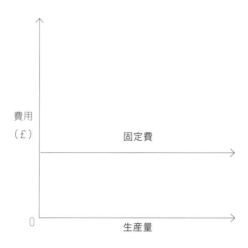

Section 8　財務と統計にまつわる理論　231

変動費は、生産量が増えるのに合わせて増える費用です。原材料、部品、荷造りなどの費用や、製造過程で生じる光熱費などが含まれます。

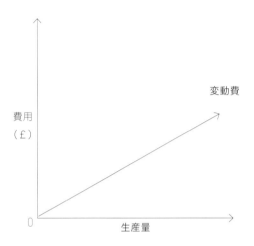

準固定費は、右ページの上のグラフのように、ある程度の生産量までは費用が変わらないものの、突然跳ね上がる費用のことです。たとえば、ある製品は10万9999個までは既存の機械で生産できますが、11万個以上生産するとなると、古い機械では生産量が追いつかないため、新しい機械を購入しなければなりません。さらに、その機械を動かしてもらうために、新しい人材を雇わなければならないでしょう。収支を合わせるために、組織は固定費と変動費を回収しなければなりません。

たとえば、ある組織が1種類の製品だけを生産し、それを20ポンドで販売しているとします。その製品の1個当たりの変動費は10ポンドで、10万ポンドの固定費がかかるとします。製品を何個売れば、損益分岐点に達するでしょうか？（これを図式化すると右ページの下のグラフになります）

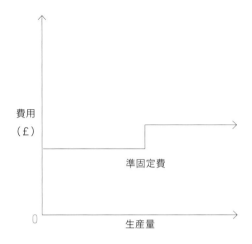

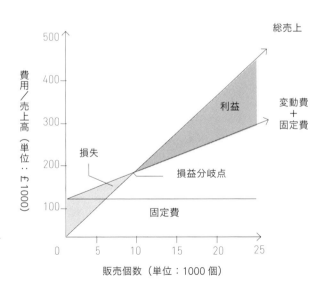

Section 8　財務と統計にまつわる理論

一度、損益分岐点に到達してしまえば、製品が1個売れるたびに10ポンドの純益が出ます（販売価格20ポンド−変動費10ポンド＝10ポンドの利益）。固定費の回収が済んでいるからです。ですから価格を一時的に18ポンドなどに引き下げて、販売量やマーケットシェアを増やしてもいいですし、価格を据え置いて製品1個につき10ポンドの利益を享受してもいい。どちらの戦略を取るかは、上層部次第です。

このモデルを実践するには

幸いにも、あなたの管理下にある製品でも、あなたがその損益分岐点を計算する必要はありません。会計士に任せましょう。あなたが製造／管理／販売の責任を負っている製品の損益分岐点を、会計士に訊ねます。

製品の販売数量をモニタリングします。製品が損益分岐点に達したと思ったら、会計士に確認しましょう。固定費を回収できそうにない他の製品がある場合、あなたの製品から生じた利益をまわしてその不足分を補います。

他の製品を支援する必要がない場合、以下のような選択肢があります。

- 現在の価格を維持して、1製品当たり10ポンドの利益を計上する。
- マーケットシェアを拡大するために、価格を下げる。
- 大口の取り引きには価格を値引きするが、その他の顧客には当初の価格のまま販売する。

ちなみに、販売価格を設定するときは、製品にかかったコストは考慮に入れません。販売価格は、市場の需要と供給の相互作用で決

まります。コストとは、現在の販売価格よりも低い費用で製品を生産できれば利益が出るという目安に過ぎないのです。

ある製品の製造に200ポンドかかったからといって、消費者が喜んで250ポンドで買ってくれるとは限りません。5セント以下の制作費でつくられたコミックに、100万ドルの値がつくこともあるのですから。つい最近も、コミック雑誌「アメージング・ファンタジー」15号（1962年出版、「スパイダーマン」のデビュー誌）に高値がついたではありませんか。

あなたの製品の費用が市場価格よりも低いなら、その製品の発売を決断してもかまわないでしょう。しかしその前に、リソースを別の製品に投入すれば、もっと利益が上がるかもしれません。あらゆる可能性を考慮しましょう。

損失を承知の上で製品を売るほうがいい場合もあります。

たとえば、現時点である製品に注文がないものの、2週間後には注文が来ることがわかっているとします。しかしその間にも、スタッフには掃除やオフィスの管理といった暇つぶしの仕事をさせて、給料を払わなければなりません。

ちょうどそのとき、誰かが「製品を1個18ポンドで2000個ほしい」と言ってきたとします。この量の注文なら2週間でさばけそうです。

製品の損益分岐点にはまだ達していないため、注文を受けると1個につき2ポンドの損失が出ます。しかし注文を断ると、製品1個につき18ポンドを売り上げる機会を逃すことになります。この場合、この2週間に3万6000ポンド（2000個×18ポンド）以上の収入をもたらす仕事がなければ、注文を受ける価値はあります。といっても、このような注文をすべて受けるわけにはいきませんが。

製品を市場に投入する価値があるか見極めたいときは、総費用を目安にするのが安全です。製品の限界費用（生産量を追加的に1単位増

Section 8　財務と統計にまつわる理論　235

加させたときの総費用の増加分）を目安にするのは、損益分析点に達した後にすること。何を決断するにせよ、会計士に相談してから決めたほうがいいでしょう。

考えてみよう

- ■ 組織の会計士は、製品の損益分岐点にまつわるどんな情報を持っているか？
- ■ 組織は、限界費用を目安にしなさいと勧めているか？

優れた意思決定

アメリカの高名な科学者たちが「空気よりも重い機械が空を飛ぶことはない」と公言していた1900年に、ライト兄弟は飛行機の試作を続けることを決断した。

MODEL 61 ギャップ分析

→予測と目標のギャップを埋めたいときに

　ギャップ分析はよく、現在の姿と未来の姿との差異を指すものと誤解されます。しかし、ジョン・アージェンティは、**ギャップ分析とは予測と目標の差異を分析すること**だと主張します。予測と目標は同じじゃないかって？　いいえ、実は違います。

「予測」は、過去の実績とその時点で手に入る良質な情報を基にして立てられるものです。予測は未来を向いているため、正確に当てることはできません。その時点で人間ができるベストな推定ではありますが、組織の状況は変わるため、たいていは3年おきに更新されます。

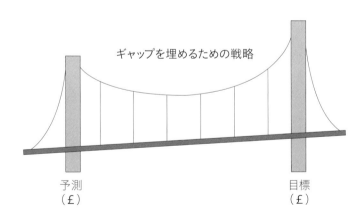

Section 8　財務と統計にまつわる理論

一方、「目標」とは、たとえば「来年の生産目標は20万台」といった具合に、管理職が設定するものです。こうした数値目標の多くは、過去の実績や未来の予測に基づくものではありません。スタッフを動機づけて活気づけようと、空中からひねり出した数値かもしれません。

目標は「あなたが達成したいレベル」で、予測とは、「あなたが達成できると思うレベル」なのです。

このモデルを実践するには

一例として、売上を使ってギャップ分析をしてみましょう。

あなたが翌年の売上予測を2000万ポンドと見込んでいるとします。そして売上目標を2500万ポンドに設定したとします。

小さいチームをつくり、SMARTゴールなど（→モデル16、17、67）のテクニックを使って、500万ポンドのギャップを埋めるための戦略を練ります。

どんなに優れたアイデア／イニシアティブであっても、導入段階で失敗してしまうのは、管理職が「一度始めてしまえば、本格展開するだろう」と思い込むからです。

でも、実際はそうはいきません。ですから、導入チームのメンバーは、計画を実施する現場には投入しないことです。計画立案に加わったメンバーはなおさら外しましょう。

導入チームには、あなたの目や耳となって活躍してもらいましょう。あなたが計画変更を提案した場合、導入チームはスタッフが不安を覚えないように対応にあたります。

状況に変化が生じたときは、前後左右、四方八方にわたってコミュニケーションを取ることが重要です。

予測を立てるときは、通常は最善のシナリオ、最悪のシナリオ、平均的なシナリオの3つのシナリオを基にして3つの予測を立てます。やがてどの予測が一番現実に近いかが明らかになったら、その予測を目標との比較に使いましょう。

　予測、実際の売上、目標という3つの数値のギャップについては、レポートにまとめて、毎月提出してもらいます。これら3つのギャップが埋まりつつある場合は、戦略を続けながら、ほかに売上アップを図る方法がないか探しましょう。ギャップが埋まらないか拡大している場合は、その理由を突き止めて、軌道修正を図りましょう。もちろん、達成できそうにない非現実的な目標を切り捨てることも選択肢の1つです。

　目標はそのギャップを年度末までに埋めることです。

　年度末へと日にちが減っていく中で、「すぐに結果を出す戦略」が求められます。そのため、面白いアイデアも却下される可能性があります。そのようなアイデアは、メモしておいて、翌年に実施しましょう。

考えてみよう

- あなたは予測と目標を取り違えていないだろうか？　だとしたら、自分やスタッフに、もっと結果を出すよう求めなければならないか？
- あなたが設定した目標は、組織の目標を達成するのに役立ちそうか？　むしろ組織の足を引っ張ってはいないか？

Section 8　財務と統計にまつわる理論　　239

悪い意思決定

1919年、ボストン・レッド・ソックスは、ベーブ・ルースをニューヨーク・ヤンキースに放出することを決断。バンビーノ（ベーブ・ルースの愛称）は移籍先で大活躍し、ヤンキー・スタジアムは「ルースが建てた家」と呼ばれた。おまけにレッド・ソックスはその後86年間ワールドシリーズで優勝できず、「バンビーノの呪い」のせいだといわれた。

MODEL
62 | ゼロベース予算

→大幅に予算を削減しなければならないときに

ほとんどの管理職は、退職するまでの間に一度は予算の削減を迫られます。多くの人は、反射的に自分の管理下の予算を10％、15％、20％などと一律に削減しようとしますが、このやり方は問題があります。すべての予算は平等ではありませんし、重要な予算を削減すると、組織が弱体化して困難を乗り越えられなくなる恐れがあるからです。

会計士の努力もむなしく、管理職はよく「増分予算方式」と呼ばれる方法を採用します。つまり前年の予算または実績から、前年の経常外費用を差し引き、今年度に見込まれる新しい経費予算を上乗せするのです。

しかし、増分予算方式では大幅な予算削減は難しい。そこで登場するのがゼロベース予算です。この方式では、**昨年の実績を無視して白紙の状態から始め、ゼロベースから予算を1つずつ積み上げていきます**。このやり方なら、事業に支障を来すことなく大幅な予算削減が可能になります。

このモデルを実践するには

あなたの計画を会計士に話して、協力を依頼します。管理職が予算と優先順位について考えて計画をまとめたと知るだけで、会計士は喜んで手伝ってくれるでしょう。

まずはチームの事業計画を調べましょう。事業計画がない場合は、翌年にチームが担う仕事をすべてリストにまとめます。このリスト

Section 8　財務と統計にまつわる理論　　241

を分析して、予算項目に分けます。

　作業用にもう1枚、紙を用意して、すべての予算項目を書きます。たとえば人件費、材料費、事務用品費など。

　リストの仕事をこなすには予算がいくら必要になるか、各項目について計算します。

　例として、人件費について考えてみましょう。スタッフ全員の名前と彼らの給料、それから翌年発生するボーナス、昇給・増額もあればそれも加えます。これが人件費のベースラインとなります。

　次に、スタッフの数や労働時間数を減らすなどして、予算を削減できないかを考えます。最後にスタッフの離職率を調べ、前年よりも少ない人員で稼働したらいくら削減できるかを検討します。これは離職者が出る前に計算しましょう。削減できる予算はすべて、ベースラインから差し引きます。

　会計士と協力して、業務量を減らした場合に直接費と間接費がいくらかかるかを試算します。削減額をメモして、各予算項目についてさらに削減できないか検討します。

　たとえば、電子メール、携帯電話のメール、ソーシャルメディアなどをもっと柔軟に使えば、事務用品費をどの程度削減できるか？　オフィス用品のサプライヤーを1、2業者に絞って、大量購入してはどうか？　紙質のグレードを下げて、もっと薄い紙を使ったらどうか？　このように、すべての経費項目を疑問視して見直しをしましょう。

「秘密の緊急資金」は含めずに、会計士に予算額を知らせること。インフレ率の計算は会計士に任せましょう。さもないと管理職ごとに違うインフレ率を採用しかねません。

考えてみよう

- 予算分析をサポートしてくれそうな人は誰か？
- 絶対に守らなければならない予算はどれか？

優れた意思決定

ウォルマートの創業者サム・ウォルトンは、毎週土曜の午前中にスタッフミーティングを行うことにした。ミーティングのおかげで、素早く情報を伝達し意思決定を下す文化が広まり、その結果効率がアップして、会社は順調に成長した。

Section 8   結論

ファースト11

　私が「ファースト11」にディスカウント・キャッシュフロー法（DCF法）を選んだのは、これまでの経験から、DCF法の計算でそこそこのリターンが見込めなければ、企画が通る可能性は低いことを知っているからです。DCF法は、いわば意思決定の最終仲裁裁判所とでも呼べる存在なのです。

　詳しくお話しすると、DCF法は古くからありました。それが再び脚光を浴びるようになったのは、1970年代にインフレ率が2桁推移するようになってからです。会計士が駆使する難解そうな計算方法の一つながら、DCF法は管理職の間でもおなじみの用語となり、その人気はいまも続いています。

　しかし、インフレ率が低い、またはほぼ0％の状況では、投資のハードルレートが計算において重要になります。ハードルレートは取締役会が決めるべきことですし、決める際には、市場での調達コストや、組織の事業分野における標準的なリターンも考慮しなければならないでしょう。

　あなたの企画を通したいならば、DCF法を駆使したデータをたくさん用意する必要があります。

管理職にとって便利な「ゼロベース予算」

　一般的にDCF法は、企画の採用・不採用を決めるときに使われますが、管理職にとって一番便利なモデルはゼロベース予算（→モデル62）でしょう。理由はごく単純です。管理職はいくつかの予算を管

理しなければなりませんし、立場上、定期的に予算の削減を求められることが確実だからです。ゼロベース予算なら、誤って「赤身の肉」や「業務に不可欠な臓器」を切り落とすことなく、「脂肪」を削ぎ落とせます。

　他の理論についても、ひと言ずつコメントしておきます。

- 何かを提案するときは、組織のリスク耐性の範囲内に収まる企画にすること（→モデル31）。組織のリスク耐性を超えるハイリスクな提案ばかりしていては、組織の承認を得にくくなります。
- 組織内でのあなたの地位が何であれ、バランスト・スコアカード（→モデル57）のアイデアを推進しましょう。1つの要求が優位を占める企業よりも、競合する要求のバランスを保てる企業のほうが成功しやすいからです。
- 費用便益分析（→モデル59）を使って、あなたが集めたソフトデータを評価しましょう（→モデル3）。費用便益分析は厳密に行うこと。スタッフに、根拠のない数値を空中から取ってこさせてはいけません。「費用と利益をきちんと評価して、合理的な方法で計算して数値を出してください」と指示しましょう。数値をごまかせと圧力を受けても、屈しないこと。数値の間違いが公になったとき、批判されるのはあなたであって、圧力をかけてきた人ではないのです。
- 営業とマーケティングに関わる管理職は、とくに損益分岐点分析（→モデル60）を理解することが重要になります。前述したように、販売価格は需要と供給の相互作用で決まります。製造コストを価格に考慮できるのは、市場で正々堂々と戦える場合の

Section 8　財務と統計にまつわる理論　　245

みです。しかし、市場に投入した製品が損益分岐点に達したときに、それがわかれば、かなり有利に戦えます。販売価格を自由に変えられるのですから。

- ギャップ分析（→モデル61）で重要なのは目標を定めることです。予測は、財務情報や統計データを基に立てられます。目標は、同様の情報から設定されることもあれば、管理職が業績とスタッフのモチベーションを上げようとして、思いつきで設定することもあります。それも結構ですが、きちんと計算された予測と、野心的な目標を混同しないこと。財務感覚がおかしくなって、「売上さえアップすれば予算のバランスも整う」などと思い込むことになりかねません。

　最後に、中途半端な知識はかえって危険です。金融や会計に関する詳しい知識のない人が、財務関係の問題を扱うときは、必ず会計士に相談するか、せめてあなたの試算を会計士に見てもらいましょう。会計士はそのためにいるのですから。

Section 9

決定事項を
スムーズに
実行する方法

Section 9　イントロダクション

　すべての決定事項は慎重に実行する必要があります。たとえば作業手順の単純な変更点をどのようにスタッフに伝えるかを検討するなどの小さな決定事項も、これに当たるでしょう。決定事項によっては、組織に与える影響が非常に大きく、適切に実行するにはプロジェクトチームを組んで数カ月がかりで取り組む必要があるかもしれません。

　このセクションでは、決定事項を確実に実行するのに役立つ7つのモデルを紹介します。**意思決定プロセスにおいて、最もないがしろにされがちなのが実行段階**です。残念ながら管理職の中には、一度指示を出しさえすれば物事が思い通りに実現すると信じている人がいるのです。願っただけで叶うのなら、どんなにすばらしいでしょう。

　しかし現実には、当初の意思決定がどれほど優れていようとも、その効果を発揮するためにはしっかりと実行に移し、スタッフや他の利害関係者もそれに基づいて行動しなければなりません。これに失敗すると、決定事項が部分的にしか組織に浸透せず、当初の意図からかけ離れた結末になるでしょう。

　このセクションでは、決定事項を実行し、設定した目標を確実に実現することに役立つさまざまなツールを紹介します。

MODEL
63 ラウンドのTRAP理論

→決定事項の実行を計画・監視する必要性を再確認したいときに

ジェフ・ラウンドのTRAP理論は、**プロジェクトの遂行や決定事項の実行に必要なリソースがそろっているかどうかを、管理職が素早く簡単に確認するための方法**として開発されました。十分なリソースがなければ、決定次項を適切に実行することは困難です。

管理職はまず、以下の点を確認します。

> - 任務（T）：できるだけ明確かつ網羅的にタスクを定義する
> - 資源（R）：そのプロジェクトで利用できるリソース、要員、材料を明らかにする
> - 計算（A）：帳尻が合うかを確認する。与えられたタスクとスケジュールから考えて、手近なリソースで十分に対応できるか？
> - 優先事項（P）：そのプロジェクトの優先事項は何か？　手近なリソースでそれを達成できるか？

このモデルを実践するには

TRAP分析に基づいて、プロジェクトのリソースが十分かどうかを判断します。十分でない場合は、リソースについて経営陣と交渉しましょう。

プロジェクトチームの初回のミーティングで、計画を詳しく策定します。その際の指針として、ジェリー・ジョンソンとケヴァン・

Section 9　決定事項をスムーズに実行する方法　249

ショールズの理論から採用した次の6段階のプロセスを利用しましょう。

- 第1段階：意思決定の目的をできる限り詳細に特定します。あなたもチームも、意思決定の目的を一文で表現できるようになるまで行いましょう。
- 第2段階：意思決定の目的を、連続する中間目標やマイルストーンに切り分けます。この作業は非常に重要で、これがうまくいくと目的の実現に近づきます。
- 第3段階：目標やマイルストーンを順番に検証し、目標の完了または達成に必要なタスクやターゲットを決定します。
- 第4段階：タスクの責任者を決定します。SMARTゴール（→モデル67）を用いて、それぞれのタスク、ターゲット、マイルストーンを実現するためにクリアすべき基準を見極めます。
- 第5段階：計画と進捗状況を比較するモニタリングシステムを構築します。
- 第6段階：決定事項の実行時には、将来のプロジェクトの糧になる教訓をすべて記録し、チームの業績を祝う時間を取ります。

　以上の各段階に取り組み、課題が浮上したら、みんなの専門知識を結集して徹底的に究明します。このプロセスによってチームがまとまり、自分たちでつくり上げたものとして、みんなが計画を支持するようになるでしょう。

　この計画を使って、あなたが実行しようとする内容、時期、方法をメンバーや他の利害関係者に伝えます。

　最終決定した計画、ターゲット、スケジュールを、メンバー全員が承認しているかを確認します。

考えてみよう

- その決定事項は、実行チームを立ち上げる必要があるほど影響力の大きいものか？（たいていは必要ない）
- あなた自身が実行チームを率いる必要があるか、それとも支援者として行動するだけでよいか？

悪い意思決定

フォード・モーターが1958年に発売した「エドセル」は途方もない大失敗に終わった。その理由として、大々的にキャンペーンをしたわりに、実際の車が期待外れだったからだと言う者もいれば、男性から見てデザインがあまりに女性向けだったからだと指摘する者もいた。

MODEL 64 | ジョンソン流プロジェクト管理の3つのルール

→決定事項の実行を計画・監視する必要性を再確認したいときに

　ケリー・ジョンソンは、航空企業ロッキード・マーチンにおけるプロジェクト作業のために14のルールと実践法を考案しました。ほとんどは同社の業務に関するものでしたが、その中の3つは、官民を問わず、プロジェクトや決定事項を効果的に実行するための基本原則と見なされるようになりました。彼が提唱したプロジェクト管理の3つのルールは次のようなものです。

①プロジェクトの担当者の人数を必要最低限に維持する。人員が増えるほど、コミュニケーションや管理が複雑になる。

②ミーティングの回数を必要最低限に維持する。ジョンソンが提案するのは、進捗確認と予定変更の必要性を検討するチームミーティングを週に1回、そしてプロジェクトのマネージャーとスポンサーの間で行うミーティングを月に1回行うことである。ジョンソンは、それ以上に増やすと逆効果であり、運営の負担が増すと指摘した。

③定期的に作成する報告書は2種類にとどめること。1つは週に1度、プロジェクトチームに対して、計画に対する現在の進捗状況を詳細に報告するもの。もう1つは月に1度、プロジェクトのスポンサーに対して、最新の進捗状況とプロジェクトの詳細な財務状況を報告するものである。それ以上に報告書を増やすと、プロジェクトの作業に使うべき時間が報告書の作成に費やされてしまう。

このモデルを実践するには

　複雑な意思決定を下すときには、それを1つのプロジェクトと同じように管理します。

　小規模で管理しやすいチームを維持します。これはグループ内の円滑なコミュニケーションや目的の明確化に役立ちます。さらに、小さなチームのほうが団結心やチームのアイデンティティを早期に構築することができます。

　プロジェクトが軌道に乗って成功のめどがつくと、勝ち馬に乗ろうと多くの人がプロジェクトに参加したがるでしょう。プロジェクトを乗っ取られてはいけません。

　毎週金曜日の午後か月曜日の朝に、プロジェクトチームを集めて短い進捗報告ミーティングを行います。このミーティングの場で進捗状況を計画と照らし合わせてモニタリングし、翌週の作業の優先順位をつけます。

　このミーティングでは、「ノー」と言えるようになりましょう。作業計画の変更を毎回了承していると、最終期限に間に合わなくなる恐れがあります。また、絶対に必要なものでない限り、プロジェクトの変更や体制強化に関する要望をすべて却下します。その他の提案はすべて、実行の第2段階で対処すべき課題として記録しておきます。その月の最終週のチームミーティングでは、予算と実績を比較し、必要な是正措置を講じます。

　チームミーティングの最後には、翌週の「絶対に達成しなければならない目標」をリストにします。

　毎月のスポンサーミーティングでは、最新の進捗報告と財務報告を提出します。財務報告には、予算に対するその時点での支出状況に加えて、すでに確定している支出予定の詳細と、プロジェクト完了時の最終的な費用予想を盛り込みます。

Section 9　決定事項をスムーズに実行する方法　　253

スポンサーミーティングにおいて、必要な情報の報告以外にあなたの役割があるとすれば、それは「プロジェクトの実行方法を改善してはどうか？」と提案されても「ノー」と答えることです。信念を貫きましょう。すべての提案を理解して記録には残しますが、その提案によって当初の狙いがよりスムーズに、または早期に達成できることが示されない限り、第2段階まで待ってくれとはっきりと伝えましょう。

もし変更の提案にイエスと答えて最終期限に間に合わなかった場合に、責任を負うのはあなたです。それを覚えておいてください。

考えてみよう

- あなたはどのぐらい自己主張が強いか？　もっとノーというべきではないか？
- スポンサーミーティングで頼りにできるのは誰か？

優れた意思決定
ヘンリー・フォードは、「作業員の賃金を2倍にする」という決定を下した。その結果、優秀な作業員を確保できるようになり、さらには労働者階級でもフォード社の「モデルT」を買えるようになった。

MODEL 65 | シューハートの PDCA サイクル

THE FIRST 11

→決定事項の展開を監視し、実行結果を調整したいときに

いまだに**多くの企業が、意思決定に多大な時間・労力・資金をつぎ込む一方で、実行後の分析をまったくしていません。**まるで結果など知りたくないと言わんばかりです。このように現実から目を逸らしたアプローチでは、「自らの行動から学ぶ」という大きなチャンスを逃してしまいます。

PDCA（計画・実行・評価・改善）サイクルは、ウォルター・シューハートが1930年代に考案し、エドワーズ・デミングが組織に持続的な改善の文化を浸透させる手段として広く利用しました。しかしこの手法は、決定事項の実行状況をモニタリングしたり、意思決定者の当初の目的に沿うように結果を微調整したりする手段としても役立ちます。

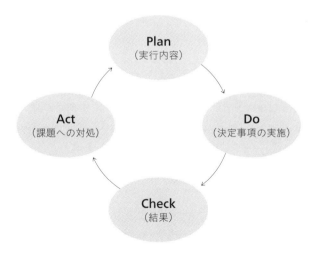

Section 9　決定事項をスムーズに実行する方法

①Plan（計画）：現在の状況を明らかにし、問題を分析し、何をすべきかを判断して、実行計画を立てる。

②Do（実行）：その計画や決定事項を実行する。

③Check（評価）：計画を実行したことで状況がどの程度改善したか評価する。状況が悪化している可能性もある。

④Act（改善）：成果が予想と異なる場合は、その理由を見つけて行動し、PDCAサイクルを繰り返す。当初の目標が達成された場合は、同じ任務についてさらに高い目標を設定するか、新規のプロジェクトを始める。

このモデルを実践するには

　まず、あなたの意思決定を実行することで、どのような結果が期待できるかを明確にします。

　事業に多面的な影響を及ぼすような複雑な意思決定の場合は、それを構成要素に分割し、各要素を計画のマイルストーンとして利用します。要素ごとにPDCAプログラムを作成します。こうすることで、最適化が不十分な状況——たとえば、ある問題について、1つの領域では30％改善したが、別の領域では15％悪化したというような——が浮かび上がります。全体で15％改善したと考えれば満足できるかもしれませんが、これは最適なソリューションではありません。

①Plan（計画）：関係するスタッフからの情報や、関連する統計および財務情報を利用して、問題やプロセスに関する定性データを集めます。集めたデータをスタッフとともに分析・評価して、必要なアクションについて合意を得ます。場合によっては、文

256

書の形で実行計画を作成しましょう。ごくシンプルな意思決定の場合は、この作業は不要です。

②Do（実行）：変化を起こします。必要なアクションに関しては、すでにスタッフの合意を得ているため、変化に対する抵抗は最小限に抑えられるはずです。

③Check（評価）：結果が落ち着くのを待ってからレビューします。あなたの期待通りに決定事項が達成されましたか？　答えがイエスならば、PDCAモデルを使って別の改善プロジェクトに着手します。

④Act（改善）：決定事項の当初の狙いが達成できていない場合は、PDCAモデルを使って当初の狙いに近づけていきます。まずはまだ残っている問題を見つけましょう（計画へ）。

考えてみよう

- パフォーマンスの改善を図るにあたって、スタッフが持つ知識を十分に活かせているか？
- 決定事項のレビューやその進捗状況の評価は、どのくらいの頻度で行っているか？

悪い意思決定

ドルチェ＆ガッバーナの創業者が、体外受精や代理出産で生まれた子どもを「合成人間」と表現したため、影響力のある著名な顧客たちが同社製品の不買を訴えた。現代のデジタル社会においては、個人的な思い込みは事業に影響を及ぼすのである。

MODEL 66 オーランデラとリーズンの スイスチーズモデル

→エラーがシステムの他の部分に拡散することを防ぐために、区分化された
　システムが必要だと思ったときに

　スイスチーズモデルを最初に考案したのは、マンチェスター大学
のダンテ・オーランデラとジェームズ・T・リーズンです。このモデ
ルでは、プロセスのすべてのステップに失敗の可能性がひそんでい
ると考えます。

　スライスされたチーズに開いた穴は、エラーを次のステージへと
通過させる経路です。もしエラーが1つの穴を通り抜けてしまった
としても、次のチーズでは穴の場所が違うため、それ以上に拡散す
るのを阻止できます。このように、**個々のエラーを区分化しておけ
ば、拡散が阻止され、別の段階でエラーを誘発することはありませ
ん**。

　重大なエラーが発生する可能性があるのは、右の図のように穴が
一直線に並んでしまった場合です。

このモデルを実践するには

　どのプロセスにも「エラーを食い止める機会」があることを認識
しましょう。

　大きなプロセスを多数の小さなジョブに分割します。前のプロセ
スの成果を後続のプロセスで自動的にチェックできるようなシステ
ムを設計します。

　1つも「穴」のないシステムを考案することは不可能です。しか
し、細部に気を配ることで穴を小さくすることは可能です。

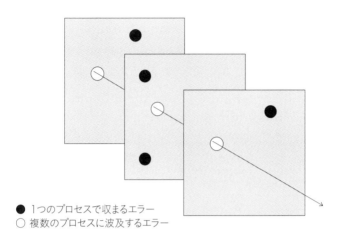

● 1つのプロセスで収まるエラー
○ 複数のプロセスに波及するエラー

出典:『組織事故とレジリエンス—人間は事故を起こすのか、危機を救うのか』(ジェームズ・リーズン)

　それによって、エラーがチェックを受けずに最終製品に到達するリスクを抑えられます。

　オーランデラとリーズンによれば、エラーの根本原因をたどると、たいていは次の4つのいずれかに行き着くといいます。システムを設計あるいはレビューするときは、以下の点を考慮に入れて、問題の芽を摘むために適切な手を打ちましょう。

①組織の影響:財務状況が厳しいときに、勤務時間を増やしたり研修を減らしたりしたことが原因。
②スタッフの監視体制が貧弱あるいは不安定:経験不足のスタッフがいる、システムを理解する人員が足りないなどが原因。
③いつエラーが起きてもおかしくない状況:スタッフが疲労している、働き過ぎである、コミュニケーションが不足しているな

どの不適切な労働慣行が原因。

④特定の危険な行為：ヒューマンエラー。

どのような小さな問題でも、特定されたらその都度対処するようにします。これにより、後の行程でさらに大きな問題へと進展するのを阻止できます。

使用しているすべてのシステムについては、定期的にレビューを行います。可能ならば部外者に協力してもらいましょう。彼らはシステムを新鮮な目で見るため、私たちが当然だと思っていることについて質問し、正しいと思い込んでいることに疑問を投げかけてくれます。

オーランデラとリーズンの言う「潜在的な失敗」が、エラー要因の①〜③と関連することに留意しましょう。潜在的な失敗は、配管やボイラーの溶接の欠陥と同じで、数週間、数カ月、数年の沈黙の後にいきなり爆発することがあります。

したがって、現状に満足してはいけません。完璧なシステムでも、すぐその先に大惨事が待ち受けているかもしれないのです（→モデル53、54、55）。

考えてみよう

- 独立した専門家によるシステム評価が最後に行われたのはいつか？
- 過去1年間で、間一髪で危機を逃れたことがあったか？　そのときにどのような対処をしたか？

優れた意思決定

フランシス・ケルシー博士は1960年、妊婦のつわり防止のためのサリドマイドの米国での販売申請を、強力な圧力があったにも関わらず「科学的根拠が不十分」として許可しなかった。その1年後、サリドマイドが深刻な先天性奇形の原因となることが証明され、彼女は全国的なヒロインとなった。

MODEL 67 | SMARTゴール

→モニタリングと評価ができる現実的な目標を策定したいときに

　管理職は、意思決定をしたらそれを実行しなければなりません。そこで重要になるのが「SMARTゴール」です。5つの要素と重要なポイントを以下にまとめます。

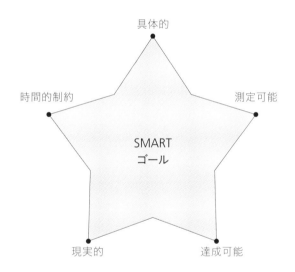

①具体的（Specific）：目標が明確に定義され、誤解の余地がまったくない
②測定可能（Measurable）：目標の進捗具合や達成状況を測定できる

③達成可能（Achievable）：特定の期間内に達成できる目標である

④現実的（Realistic）：組織の現在のリソースや専門知識で達成できる目標である

⑤時間的制約（Timed）：ややタイトだが達成可能な期限が設定されている

このモデルを実践するには

すべての意思決定が複雑な実行プロセスを必要とするとは限りません。以下に説明するアプローチは、計画的な実行が求められる意思決定（意思決定のうちの20％に相当する複雑なケース）に応用しましょう（→モデル10）。

管理職の多くは、目標の設定方法の検討に十分に時間をかけていません。その結果としてつくられる「願望リスト」は、不明確で、過度に野心的で、しばしば非現実的か達成不可能で、完了の期限も設定されていません。SMARTゴールを使うと、このような落とし穴を回避できます。

一定の期間をかけて実行される複雑な意思決定については、実行計画を策定します。その際には、SMARTゴールを使って目標を設定します。まずチームメンバーとともに、各目標を一連のタスクに分解します。次に、各タスクの完了期限を明確にします。タスクの達成は、あなたとスタッフ双方のモチベーションになるとともに、進捗も確認できます。

定期的にモニタリングのためのミーティングを開きます。進捗を確認したり、問題を発見したり、是正措置を記録したりするために、シンプルな報告制度をつくります。月次の目標／実績報告の例を次ページの表に示します。

Section 9　決定事項をスムーズに実行する方法　263

目標	XX年4月30日までの中間目標	XX年4月30日までの実績	プラス／マイナス比較	次回ミーティング(XX年5月30日)までにすべきこと
すべての顧客を戸別訪問する	3,000戸	2,500戸	マイナス500戸	マイケルが未達の原因を特定し、不足分を取り戻す方法を決める

考えてみよう

- 各目標の達成について、スタッフや利害関係者のサポートが得られているか？
- 各目標の達成に必要なリソースがあるか？

悪い意思決定

通信企業ウエスタンユニオンは、1876年にアレクサンダー・グラハム・ベルが開発した電話を採用せず、独自に開発することを決定した。

MODEL 68 | ティッピング・ポイント・リーダーシップ

→**あなたのアイデアが、厳しい反対意見にさらされたり、無視されたり
　したときに**

　すばらしい意思決定をすることに明け暮れるのは結構ですが、そ
れを首尾よく実行できなければ時間が無駄になります。一般的に、組
織に小さな影響しか与えない意思決定は比較的簡単に実行できます。
しかし、組織の考え方を大幅に変えるような意思決定は、あらゆる
方面から反発を受けるでしょう。

　ブルー・オーシャン戦略（→モデル48）を提唱したW・チャン・
キムとレネ・モボルニュによる「ティッピング・ポイント・リーダ
ーシップ」は、**決定事項を実行する前に、主要な人物の支持を勝ち
取る**ためのプランを提供します。二人は、ニューヨーク市警察本部
長のウィリアム・ブラットンが同市の地下鉄犯罪への新たな対策を
実行するときに定めた4つの戦略の研究を通して、この理論にたど
り着きました。

> ①意識のハードルを突破する
> ②資源のハードルを回避する
> ③意欲のハードルを跳び越える
> ④政治のハードルを打ち倒す

　これらのハードルを克服すると、ティッピング・ポイント（それ
まで少しずつ変化していたものが爆発的に伸びる転換点）に到達すること
ができ、その後は自然に変化していくでしょう。以下にそれぞれの
ハードルの定義と克服方法を説明します。

Section 9　決定事項をスムーズに実行する方法　　265

このモデルを実践するには

「**意識のハードル**」を突破するには、強力かつ説得力のある方法で、変化の正当性を示さなければなりません。それができるのは事実・数字・報告だけです。あなたが意思決定によって是正しようとしている問題を、組織内の重役に実感してもらう必要があります。

　仮にあなたが不動産会社を運営していて、居住者が、ビル内で発生する反社会的な行為が迷惑だとクレームを言ってきたとします。その場合は、重役たちにその建物で24時間過ごしてもらうといいでしょう。

「**資源のハードル**」を回避するには、資源にはたいてい限りがあることを認識する必要があります。しかし、だからと言って目標を引き下げないことです。最大限の解決策を目指しつつ、狭い領域に資源を集中させましょう。

　たとえば高層ビル群で発生するすべての反社会的行為を解決しようとするのではなく、パレートの法則を用いて問題が最も深刻な建物を見極め（→モデル10）、そこに資源を集中させます。介入の効果が実証できれば、財源の追加も見込めるでしょう。

　1人の意欲をかき立てるのでも難しいのですから、相手が組織全体となればなおさらです。「**意欲のハードル**」を飛び越えるには、スタッフが従いそうなキーパーソンを見つけなければなりません。その人物は、マネージャーかもしれませんし、労働組合の代表、チームリーダー、あるいは一般作業員かもしれません。

「彼らが話せばみんなが聞く」という人でなければなりません。キーパーソンがあなたの提案を支持してくれれば、彼らはそれを広めてくれます。やがてはあなたの提案に賛成するスタッフの数が臨界質量に達し、あなたの戦略は成功するでしょう。

「**政治のハードル**」を打ち倒すには、あなたに反対している有力な

利害関係者を特定し、なるべく早く彼らの抵抗力を弱めましょう（→モデル14、15）。

考えてみよう

- 意思決定に反対する強力な利害関係者を説得するにあたり、協力してくれる幹部はいるか？
- あなたの政治的スキルはどの程度優れているか？　政治的スキルにもっと力を入れる必要はないか？

優れた意思決定

ザ・コカ・コーラ・カンパニーは、新しい味のコーラが顧客に受けなかったと知ると、面目を失うことを恐れず、速やかにレシピを元に戻した。

MODEL 69 アプリシエイティブ・インクワイアリー(AI)理論

→ポジティブな思考を奨励し、目先の問題に追われる状況から脱却する
　方法を探したいときに

　アプリシエイティブ・インクワイアリー(AI)理論は、デビッド・クーパーライダーとスレッシュ・スリバストバによって考案されました。2人は、多くの企業が用いる「問題解決」アプローチは、エラーの特定と除去に集中するため非生産的だと批判します。

　彼らが管理職に求めるのは、**自分の組織が不得意なところにこだわるのではなく、得意なところをさらに強化すること**です。そうすれば今日の職場を取り巻く消極的で批判的な雰囲気が大いにやわらぎ、創造力や新たな考え方が育まれる、と彼らは主張します。

　現在、意思決定の大半は「組織の問題点」に対処することにフォーカスしています。AI理論にシフトすれば、管理職による意思決定の性質は根本的に変わるでしょう。

　従来の問題解決アプローチとAIを比較したのが右の表です。

このモデルを実践するには

　まずは、組織のスタッフが持つ現在のマインドセットを明らかにします。ミーティング中に、彼らが新しいアイデアにどのように反応するかを記録します。彼らに以下のような行動が見られるでしょうか。

- 新しいアイデアを片っ端から否定する
- あらゆるアイデアを無条件で賞賛し、受け入れる

問題解決アプローチ	アプリシエイティブ・インクワイアリー（AI）
問題を特定する	スタッフが、組織内にある優れた点を見つける
問題の原因を特定する	スタッフが、組織にできることや組織の未来像を思い描く
取り得る問題解決策を考える	スタッフが、現状ではなく、どうあるべきかを議論する
選択した問題解決策を実行する	新たなビジョンを達成するための戦略を練る
管理者が次の問題に取り組む	スタッフが次のプロジェクトに進む

- 興味深いアイデアだと言うものの、さまざまな弱点を指摘する
- アイデアの前提を受け入れつつ、それをさらに強化する方法を示唆する
- アイデアの成否が明らかになるまで関与はせず、「勝ち組」に加わる

　ある程度、基本データが集まると、AIを実行する場合は、どういった社風を変える必要があるか、アイデアが頭に浮かぶでしょう。通常、社風の変更は上級管理職の担当領域であり、中間管理職はその社風の展開と維持に責任を負います。モデル14と15を参考にして、あなたが思い描く新しい社風を実現するには誰に協力してもらう必要があるかを考えましょう。

　AIが機能することを証明するために、まずは小さいプロジェクトから始め、AIのプロセスに懐疑的な人々にメリットを示します（→

モデル68）。

　AIのアイデアに賛同する人々をプロジェクトチームのメンバーに任命します。日々のミーティングでのメンバーの行動を分析すれば、適任者がわかるでしょう。チームとともに、以下の4段階のプロセスを実行します。

①すでに順調に機能している組織のシステムを特定します。
②そのシステムが完璧なものになるとしたら、それはどのような状態で、何ができるかを想像します。
③草案を作成します。誰が、何を、いつ、どこで、どのように行う必要があるのかを簡単にまとめます。あなたとチームメンバーが満足できる内容になったら、その草案を関係者全員に見せて、みんなのコメントを聞きながら、必要に応じて修正しましょう。
④新しいシステムを実行し、PDCA理論（→モデル65）を用いて進捗をモニタリングする。

　AIでは、その狙いや理念に賛同する人の数が組織の中でクリティカルマスに達することが肝心です。たとえあなたがまだ下級管理職でも、そのアイデアの普及のために明日から動き出したり、自身のチームで実践したりすることは可能です。

考えてみよう

- AIは手っ取り早くできる戦略ではない。あなたにはAIのアイデアを何年にもわたって推進、追求する熱意があるか？
- あなたのAI陣営に迎えてもいい人は誰か？

悪い意思決定

1977年、「スター・ウォーズ」のヒットをほとんど予想していなかった20世紀フォックスの幹部たちは、特殊効果費用としてジョージ・ルーカスの報酬から2万ドルを減額することを条件に、同作品の商品化権をルーカスに譲渡した。この取引の結果、ルーカスは推計20億ドルを稼いだとみられる。

Section 9 　結論

ファースト11

　複雑な意思決定を最初から成功させることは、まず不可能です。**新しいアイデアやポリシーが機能するまでには必ず微調整が必要**です。シューハートの計画・実行・評価・改善（PDCA）理論をファースト11の1つに加えたのはそのためです。

　あなたが最初に目指すべきは、決定事項の重要なパートを実行することです。それを達成できたら、今度はあなたの意思決定の価値を確実に最大化するために、システムや手順の微調整に入りましょう。PDCA理論を駆使することで、あなたが行った変更の結果や是正措置の仕組みを、スピーディーかつ全体的に点検することができます。

ギャップを最小限にとどめる

　このセクションの各モデルは、あなたの意思決定を最高の形で実現するのに役立ちます。意思決定によって達成したいことと、現実に実践・達成可能なこととの間には常にギャップがあるものです。ここで取り上げた理論は、そのギャップを最小限にとどめるサポートをしてくれるでしょう。

　ラウンドとジョンソンが関心を持ったのは、「実行チームを運営するための基本」です。ラウンドは、TRAPモデル（→モデル63）で、ジョブを遂行するための時間・資源・人材がそろっているかどうかを見極めようとしました。これらが不足している場合、決定事項をスムーズに実行する可能性は極めて低くなります。

一方ジョンソンは「プロジェクト管理の3つのルール」（→モデル64）を提唱して、無駄な報告書によってチームの時間が浪費されることを防ごうとしました。もしジョンソンにスローガンがあるとしたら、「いくらブタの体重を量っても、ブタは太らない」といったところでしょう。それと同じで、せっせと報告書を書いてもプロジェクトは終わらないのです。

　シューハートのPDCA理論（→モデル65）、オーランデラとリーズンのスイスチーズモデル（→モデル66）、SMARTゴール（→モデル67）はいずれも「オペレーション面の課題」に対処するものです。

　PDCA理論は、意思決定をした当初に思い描いていた結果に近づくように後押ししてくれるでしょう。またスイスチーズモデルは、あなたも人の子だということを思い出させてくれるでしょう。つまり、あなたが設計するすべてのシステムには必ず弱点があって、不発弾が爆発して大惨事になる（→モデル53）のを防ぐには、弱点を1つのセクションで食い止める必要があるということです。SMARTゴール（→モデル67）は、決定事項の効果的な実行を支えるような、一連の有意義な目標を設定するのに役立つでしょう。

意思決定への賛同者を増やす

　ティッピング・ポイント・リーダーシップ理論（→モデル68）や、アプリシエイティブ・インクワイアリー（AI）理論（→モデル69）は、「上層部向けの戦略理論」として開発されました。だからといって、中間管理職や下級管理職が自分の仕事にこれらのモデルの特徴を活かせないわけではありません。たとえば自分のチームや部署で、新

Section 9　決定事項をスムーズに実行する方法　273

しいアイデアの試行にティッピング・ポイント・リーダーシップ理論を用いてみましょう。うまく機能すれば、組織全体で採用されるかもしれません。あるいは、「あの人の話ならばスタッフが耳を傾ける」という人物を見つけて、その人たちと仕事上の良好な関係を築くよう努力しましょう。彼らがあなたの意思決定に賛同すれば、頼もしい味方になってくれるでしょう。

　AIに関しては、状況に応じて問題解決アプローチの使用を続けつつも、配下のスタッフにAIアプローチを試さない理由はありません。

　このセクションで紹介したモデルは、全体的に以下を強調するものでもあります。

- 意思決定に関するあなたの責任は、その実行に成功して初めて完結します。決定事項を通知するだけでは何も変わりません。決定事項の実行によって変化がもたらされるのです。
- 決定事項を首尾よく実行するためには、他者からのサポートが必要です。ですから、早い段階から、あなたのアイデアの支持者を集めましょう。決定事項を展開する段階まで待っていてはいけません。利害関係者の心をつかむために、1日目から動き始めましょう（→モデル14）。
- 実行後は必ずレビューを行いましょう。たとえ実行に失敗しても、成功したとき同じぐらい多くのことを学べます。要するに、次に決定事項を実行するときに、その情報を活かすことが重要です。

性格は意思決定にどう影響するか

「優れた意思決定」と「悪い意思決定」のコラムは楽しんでいただけたでしょうか。時間があれば、彼らがなぜそのような決定を下したのか、その理由をあなたなりに考えてメモしましょう。

詳細が書かれていないため、彼らがなぜ一つの選択肢を選び、他の選択肢を却下したのかはわかりません。彼らが判断を誤ったのは、情報が足りなかったか、情報はあったのにその重要性がわからなかったのかもしれません。しかし、**良い判断や悪い判断にたびたび影響を与える性格的特徴**を挙げることはできます。ということで以下に説明します。

■優れた意思決定者に見られる7つの長所

優れた判断ができる人の多くには、以下に挙げる長所のいくつかが見られます。

①控えめ：ウォーレン・バフェットは、インターネット・バブル（2000年代前半にはじけた）のときも、サブプライムローンを使った住宅バブル（2008年に金融危機を引き起こした）のときも、これらへの投資を拒否しました。どちらの場合も投資しなかった理由を訊かれて、バフェットはこう説明しました。「これらの投資商品がよく理解できていなかったからだよ」

②勇気：勇気と言うと、名作映画では主人公が信念を貫き通そうとして、四方八方からのプレッシャーに打ち勝つというス

トーリーが描かれます。フランシス・ケルシー博士の人生は、まだ映画化されていないものの、実に勇敢なものでした。彼女は、さまざまな圧力に屈することなく、睡眠薬のサリドマイドをアメリカで販売する申請許可を却下し続けたのです（→モデル66）。

③**先見の明**：さまざまな情報源からかすかな兆候を読み取り、顧客が気づく前に市場が何を求めているかを察知する能力のこと。たとえばソニーの創業者の1人、盛田昭夫は、若者たちが何かをしているときも音楽を聴きたがるのに気づき、ウォークマンを開発することを決断しました（→モデル58）。

④**謙遜**：良い意思決定者は、物事がうまくいかないときや軌道修正が必要なときには、柔軟に考え方を変えます。ザ・コカ・コーラ・カンパニーの上層部は、世界中の人気商品の味を変えるというひどい過ちを犯しましたが、数カ月と経たずに謙虚に自分たちの間違いを認めました（→モデル68）。

⑤**顧客を含めた他者を尊重する**：道徳的でEQの高い人は、自分、スタッフ、同僚、顧客を尊重します。人につけ込もうとはしません。だからと言って、難しい決断を迫られたときに、判断できないわけではありません。彼らは、自分ならこう接してほしいと思う方法で人に接するのです。ジョンソン・エンド・ジョンソンは、主力商品の鎮痛剤、タイレノールに毒物が混入されていると発表しましたが（→モデル9）、それは法律に従ってのことでもありました。しかし、状況を包み隠さずメディアに伝え、顧客に情報を提供するその真摯な態度には、顧客を大切に思う気持ちと誠実さが表れていました。

⑥**自己認識**：セクション4の「イントロダクション」にも書き

ましたが、分別は汝自身を知ることから始まります。自己認識が深まれば自信がつきますし、過ちを認めて次へ進めるようになります。あの卓越したウォーレン・バフェットですら、間違えることがあるのです。2015年の初め、バフェットはテスコへの投資は失敗だったと認めて株を売却しました。

⑦**完璧を追求する**：卓越した管理職は、めったにお金では動かされません。仕事の評価として励みにはしますが、彼らは自分を向上させることを第一としているからです。成功してもあぐらをかかず、自己満足にもひたりません。それどころか常に全力を尽くそうとします。最初のポリオワクチンを開発したジョナス・ソーク博士は、ポリオは3タイプしかないことを証明するためだけに3年間を費やし、それからワクチンの開発に着手しました。他のどの研究者もそんなことはやりませんでした。ようやくワクチンの開発に成功したときも、ソーク博士は特許を取るのを拒否しました。ソーク博士の良きライバルだったアルバート・サビン博士も、その7年後に生ワクチンを開発しましたが、やはり特許を取りませんでした（→モデル23）。

■**お粗末な意思決定者に見られる7つの短所**

　判断を誤りがちな人の多くには、以下のような短所がいくつか見られます。

①**うぬぼれ**：「驕れる人も久しからず」という表現があるように、一度頂点に立つと、人は「自分だけは最善の道を知っている」と思い込みがちです。ヒトラー（→モデル4）やクライブ・シ

ンクレア（→モデル32）など、実にさまざまな人がこの罠に落ちています。

②**強欲**：物事を判断するとき、人はよく「うますぎて現実とは思えない話は、現実ではないのだ」という古い格言を忘れます。強欲の対象はお金だけにとどまりません——世間の注目を集めたいという欲望もあります。ヒトラーの日記を買ったと強引に信じ込もうとした『シュテルン』誌が良い例です（→モデル50）。

③**無知**：往々にして、不適切な人が判断を下すことがあります。以下の例を見ると、意思決定者が市場の欲求を読めていなかったことがわかります——オーディションでビートルズを失格としたデッカ・レコード（→モデル10）、ジョージ・ルーカスに『スター・ウォーズ』の商品化権をわずか2万ドルで売った20世紀フォックス（→モデル69）、MS－DOSのライセンスを他社のPCに提供する権利を、ビル・ゲイツに5万ドルで売ったIBM（→モデル1）など、彼らが誤った判断を下した原因は無知以外には考えられません。

④**想像力の欠如**：アルバート・サビン博士は伝統的な医学にのっとって、生きた細胞を使ってポリオワクチンを開発しました。すばらしい実績ではありますが、ライバルのソーク博士が死滅した細胞を使って最初の有効ワクチンを開発してから7年もかかったのです（→モデル23）。

⑤**頑固**：動かしがたい証拠を突きつけられても意見を変えようとしないことです。「アメリカにはマフィアなど存在しない」と死ぬまで主張し続けたFBI初代長官のJ・エドガー・フーヴァーは、まさにその典型でしょう（→モデル42）。フーヴァー

はギャングに弱みを握られていたのではないかと勘ぐってしまいます。

⑥**怠ける、成功に安住する**：大きなマーケットシェアを持つ企業は、しばしば努力を怠ったり、手遅れになるまで競合他社の進化に気づかなかったりします。たとえば、IBMはパソコン市場の急成長ぶりに対応が遅れましたし（→モデル22）、フォード・モーターは、競合他社の技術革新に対抗できませんでした（→モデル20）。

⑦**顧客を見下す**：多くの企業では、スタッフは顧客に対して侮蔑的な感情を抱いています。2008年に金融危機が起きたとき、投資銀行家たちには共通してそのような態度が見受けられました。侮蔑的な感情を抱いていても、その態度が公にならなければうまく隠し通せるでしょう。ラトナーズ・グループのCEOジェラルド・ラトナーは、顧客を見下してはいなかったかもしれません。しかし、重役たちがひしめく部屋で会社の人気商品のデカンターセットを宣伝した際に、カメラに向かって商品をたったの4.99ポンドで提供できるのは「ゴミだからです」と言ったとき、彼からは顧客を見下すような態度が見て取れました。（→モデル28）

■**判断を誤っても、立ち直ることが大事**

　人間である以上、時には誤った判断をするものです。大事なのは、失敗からどう立ち直るかです。間違いを犯しても、それを隠したり、こっそり修正したりしないでください。どの茶番劇の脚本にも描かれているように、小細工してもうまくいきっこないのですから。

意思決定のトップチーム

　モデル同士の競争は激しく、「ファースト11」に選ばれるのは容易ではありません。すでに各セクションからは1つのモデルがエースとして選ばれ、その強みと特徴が各セクションの「結論」で説明されています。あとは副キャプテンとキャプテンを選ぶだけです。しかしその前に、皆さんの気持ちを高めるために、選出済みの9人のエースたちを再度確認しましょう。

①マクナマラの誤信
②利害関係者の反応をマッピングする方法
③アイゼンハワーの委任方針
④非現実的な期待をコントロールする方法
⑤状況対応型リーダーシップ（SL理論）
⑥ムーアのボーリングピン戦略
⑦SWOT分析
⑧ディスカウント・キャッシュフロー法（DCF法）
⑨シューハートのPDCAサイクル

　さあ、後はトップチームの副キャプテンとキャプテンを発表するだけです。この判断は実に難しく何度も自己分析を重ねなければなりませんでした。最終的に、私とボブ・ベイツの共著『経営理論大全』でトップに選ばれた理論が、タッチの差で負けることになりました。
　かくしてトップチームの副キャプテンに選ばれたのは、**ヴィ**

ルフレド・パレートの**「パレートの法則」**（→モデル10）です。この法則が教えてくれるのは、取るに足らない多要素ではなく、重要な少数要素に向けて努力するべきだという考え方です。この法則に従って、努力を一点に集中させると、時間とリソースを節約できます。パレートの法則は他の状況にも応用できます。つまり、この法則はいかなる状況でも競走馬の遮眼帯のような役割を果たすということです。

とはいえ、これは意思決定モデルのトップチームです。となると、その簡潔で的を射た説明が光る、**ロバート・タウンゼンドの意思決定のルール**（→モデル1）にかなうものはありません。ですから、このモデルがキャプテンです。タウンゼンドはその名著『組織に活を入れろ』の中で、卓越した知恵とユーモアのセンスを見せてくれます。2万5000ワードにも満たないその薄い本は、1970年代に一躍脚光を浴びただけでなく、今日の管理職たちをもうならせています。刊行40年を記念した新版がちょうど出版されたところなので、是非とも読んでいただきたいと思います。

タウンゼンドは、一般的な学者やマネジメントを専門とするビジネスライターとは違った目線で、人間と組織を理解していました。タウンゼンド自身も優れた管理職で、圧倒的なキャリアを築きました。そしてさらに、管理職として卓越した手腕を発揮しながらも仕事を楽しむことは可能であることを自ら実践してみせたのでした。

おわりに

　あと少しだけ書いて終わりにします。と言った途端に、読者の安堵の声が聞こえてきそうですね。

　意思決定には心も頭も使います。社会病質者でもない限り——そのような人もまれにいますが——、他人のキャリアや生活に関わる難しい決断を迫られると、眠れなくなる夜もあるでしょう。残念ながら、それは仕事につきものです。とはいえ意思決定者には、毎回これに従えばいいという基本原則が一つあります。それに従えば不安や心配が消えてなくなるわけではありませんが、心を落ち着けてくれるでしょう。

　あなたは組織に雇われている従業員です。組織の利益のために行動することが、プロとしてのあなたの務めです。

　たいていの場合、組織の利益になることは、スタッフや利害関係者にとっても利益となります。まれに両者の利害が対立することがありますが、そのときは自分やスタッフや部署の利益を優先するような判断をしてはいけません。組織にとって一番利益になる方法を探すのです。それを指針としてください。

　管理職が組織の利益を後まわしにし続けると、組織の未来がリスクにさらされます。会社が倒産したら、すべての利害関係者が苦しむことになるのです。

　最後に、イギリス人サッカー選手の中でも伝説的なストライカー、ジミー・グリーブスの言葉を紹介します——「偉大なストライカー

は、4回シュートして、そのうち1回をゴールにできる」。同じこと
は野球にも言えます。優れたバッターは、70％の失敗を経て、よう
やく打率3割に達するのです。

　偉大なストライカーやバッターがまれにしかいないのと同様に、優
れた意思決定者は多くはいません。ですからたまに判断を誤ったか
らといって、自分を責めないでください。

おすすめの参考文献

本

『人を動かす』D・カーネギー著、山口博訳、創元社、2016年

Crainer, S. and Dearlove, D. (2004) *Financial Times Handbook of Management: The State of the Art* (3rd ed.). Pearson: Harlow

Drucker, P. F. (2007) *The Essential Drucker.* Butterworth-Heinemann: Oxford.

『権力（パワー）に翻弄されないための48の法則』ロバート・グリーン／ユースト・エルファーズ著、鈴木主税訳、角川書店、2001年

Handy, C. (1993) *Understanding Organizations.* Penguin: London

Harvard Business Review (2011) *HBRs 10 Must Reads: On Managing People.* Harvard Business Review: Boston

『自分を成長させる極意──ハーバード・ビジネス・レビューベスト10選』ピーター・F・ドラッカー他著、DIAMONDハーバード・ビジネス・レビュー編集部訳、ダイヤモンド社、2016年

『隷属への道　ハイエク全集Ⅰ──別巻』F・A・ハイエク著、西山千明訳、春秋社、2008年

Joyce, P. and Woods, A. (1996) *Essential Strategic Management.* Butterworth-Heinemann: Oxford

『仕事も人生も整理整頓して考える　ビジュアル3分間シンキング』ミカエル・クロゲラス／ローマン・チャペラー／フィリップ・アーンハート著、月沢李歌子訳、講談社、2012年

McGrath, J. (2014) *The Little Book of Big Management Questions … and how to answer them.* Pearson Education: Harlow

『経営理論大全』ジェームズ・マクグラス／ボブ・ベイツ著、平野敦士カール監修、藤井清美訳、朝日新聞出版社、2015年

『企業の人間的側面──統合と自己統制による経営』ダグラス・マグレガー著、高橋達男訳、産能大学出版部、1970年

McLaws, B. (2013) *Top Strategic Models (Beta Edition).* JRSC Business Press: Utah

Moore, G. A. (2014) *Crossing the Chasm (3rd ed.).* HarperCollins: New York.

Northouse, P. G. (2010) *Leadership: Theory and Practice (5th ed.).* SAGE: London

『組織事故とレジリエンス──人間は事故を起こすのか、危機を救うのか』ジェームズ・リーズン著、佐相邦英／電力中央研究所ヒューマンファクター研究センター訳、日科技連出版社、2010年

『四つの約束』ドン・ミゲル・ルイス著、松永太郎訳、コスモスライブラリー、1999年

『組織に活を入れろ』R・タウンゼンド著、高橋豊訳、ダイヤモンド社、1970年

『こんなトップは辞表を出せ──組織に活を入れる法』R・タウンゼンド著、高橋豊訳、ダイヤモンド社、1984年

『マネジャーのための経営モデルハンドブック　知っておくべき「60」の経営モデル』マーセル・ヴァン・アッセン／ガーベン・ヴァン・デン・バーグ／ポール・ピーテルスマ著、竹谷仁宏監修、檜垣さゆり訳、ピアソン桐原、2012年

雑誌

ハーバード・ビジネス・レビュー
McKinsey Quarterly
Management Today
Professional Manager

ウェブサイト(英語)

http://www.businessballs.com
http://www.ehow.com
https://www.mindtools.co.uk
http://www.longtail.com/about.html

ラジオ番組(英語)

BBC Radio 4: The Bottom Line

おすすめの参考文献　285

図の出典について

モデル11：『経営理論大全』ジェームズ・マクグラス／ボブ・ベイツ著、平野敦士カール監修、藤井清美訳、朝日新聞出版社、2015年

モデル27： A Theory of Human Motivation, Psychological Review, 50⑷ ed., pp.370-396 (Maslow A. H. 1943), Public Domain

モデル44： *Marketing Imagination: New Expanded Edition* by Levitt, T. Copyright©1986 by Levitt, T

モデル45：『ロングテール――「売れない商品」を宝の山に変える新戦略』クリス・アンダーソン著、篠森ゆりこ訳、早川書房、2014年

モデル46： *Crossing the Chasm*, 3rd Edition. Copyright©1991, 1999, 2002, 2014 by Geoffrey A. Moore

モデル56： Van den Berg, Gerben; Pietersma, Paul, *Key Management Models, 3e: The 75+ Models Everyone Needs to Know 3rd Ed.*, Copyright 2013, p. 221. Pearson Education, Inc., New York, NY

モデル60： McGrath, Jim, *The Little Book Of Big Management Questions: The 76 most important questions and how to answer them*, 1st Ed.,©2015. Pearson Education, Inc., New York, NY

モデル66： *The Human Contribution: Unsafe Acts, Accidents and Heroic Recovery*, Ashgate (Reason J. 2008) p.189, Ashgate, Farnham

ただし、いくつかの資料については著作権の所有者を特定できませんでした。そのため、さまざまな情報から引用しながら本書で資料を紹介させていただきました。